JN085304

家庭連合信者に人権はないのか

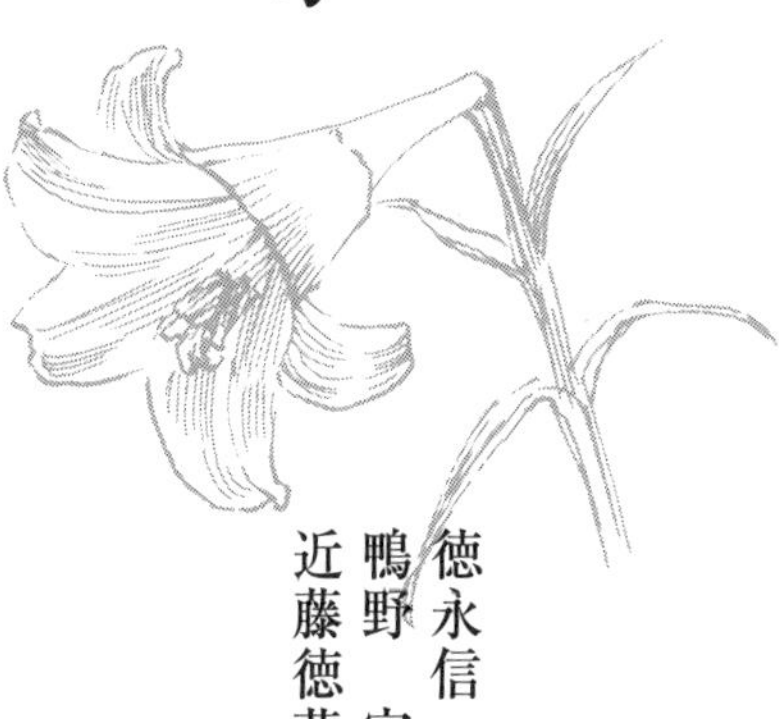

徳永信一
鴨野守
近藤徳茂
編著

まえがき

人間の尊厳と宗教ヘイト

地方議会による家庭連合との関係遮断決議の取消を求める裁判を引き受けたのは、これによって揺らいでいる日本の立憲主義を護るため、そして貶められた安倍晋三元総理の名誉を挽回するためであり、その目的のために信者らの窮状を利用させていただく……。そう僕は、大見えを切ってきた。

上から目線の不遜な態度であったが、家庭連合の側で裁判を引き受けるには、そうした世間向けの大義名分と煙幕を必要とした。ところが、である。この裁判を通じて多くの信者の方々と出会い、真剣な話を重ねる中で、随分と感じ方が変わってきた。目の前には、知性と忍耐に溢れ、理不尽な受難の中でも神に祈りを捧げ、懸命に生きている人々がいた。彼らは、決して全国弁連がテレビのワイドショーを通じて垂れ流しているような自律的な判断力をもたないゾンビのような夢遊病者などではなかったし、マインド・コントロールによって洗脳された被害者でもなかった。彼らの信仰は、その実存と人間の尊厳をかけた選択によるものだ。僕は、どこに出ても、そう証言するだろう。

何度も繰り返してきたことだが、信教の自由とは、内心の自由にとどまらない。それは、「自らの信じる信仰を他者と共同して公的に、礼拝、儀式、行事、教導によってその宗教を表明する自由」も含む（国際人権〔自由権〕規約18条1項）。これを宗教的表明の自由という。政治に働きかけて信仰する価値を社会的に実現する自由もこれに含まれる。「直接に、または、自由に選んだ代表者を通じて政治に参与すること」の権利は、宗教を理由に差別されてはならない（同25条）。今、日本国内では、特定の宗教団体が特定の政治家に働きかけ、政策を提言することはもちろん、信頼関係を築くことさえ、日本国憲法が定める政教分離に違反するという軽薄な妄論がまかり通っている。きつい冗談である。政教分離は、信教の自由を強化するための制度的保障であり、国又は地方自治体の宗教に対する中立性を確保するもの。決して宗教的表明の自由を制約するものではない。そうした宗教に関わる基本的人権に対する無理解に苛立つ。

21世紀。科学は間違いなく進歩し、多様性の尊重が叫ばれるようになった。しかし、戦争の危機に瀕し、絶対的な正義や普遍的な真理なるものが、これほど揺らいでいる世界はかつて存在しなかった。人々は、未来に明るい希望を持てず、不安の中を生きている。僕は信仰をもたないことを決して悔いたりしないが、信仰を持ちえた家庭連合の信者たちを羨ましく思い、嫉妬することさえある。だからこそ、その信仰を大切に思い、彼らに対する宗教的憎悪の唱道、すなわち「宗教ヘイト」を激しく憎む。国際人権（自由権）規約20条2項はかくいう。「差別、敵意又は暴力の扇動となる国民的、人種的又は宗教的憎悪の唱道は、法律で禁止する」。

今、家庭連合に対して投げつけられているいわれのない非難は、どれもこれも信者に対する敵意と侮辱と差別を扇動する「宗教ヘイト」そのものである。地方議会の関係遮断決議はもちろん、教団への高額献金を詐欺だという偏見も、宗教二世を可哀そうな被害者だとみる先入観も、そしてこれらを理由とする解散命令請求も、それに向けた質問権の行使も……。国連の《宗教または信念に基づくあらゆる形態の不寛容および差別の撤廃に関する宣言》は、かくいう。第3条「宗教または信念を理由とする人間間の差別は、人間の尊厳に対する侮辱であり、国際連合憲章の原則を否定するものである。したがって世界人権宣言にうたわれ、国際人権規約に詳細に述べられている人権および基本的自由を侵害するものとして、ならびに、国家間の友好的および平和的関係を破壊するものとして非難されるる」。１人の法律家としてこの言葉を祈り、噛みしめていたい。

徳永信一

もくじ

第一章　「断絶宣言」が招いた地方議会の暴走

第一節　家庭連合信者に人権はないのか

徳永信一（とくなが・しんいち）
1958年大阪生まれ。京都大学法学部卒、同大学院中退、40期司法修習生、昭和63年大阪弁護士会登録。薬害エイズ訴訟、靖国訴訟補助参加、沖縄集団自決訴訟、朝鮮総連租税減免取消訴訟、孔子廟訴訟、琉球新報言論封殺訴訟に関わる。
著書に『薬害エイズ国際会議』、共著に『代理人たちの憲法訴訟—憲法価値の実現にむけた営為とその記録』『憲法第9条改正問題と平和主義—争点の整理と検討』など。

これはただの宗教差別です

「これはただの宗教差別です。宗教を理由とした村八分でしかありません」。2022年12月16日、世界平和統一家庭連合＝旧統一教会（以下、家庭連合）の信者である安田慎《まこと》氏（仮名）は、富山市を被告とする訴訟を富山地方裁判所に提起した。提訴後、県民会館で開かれた記者会見で胸の内を語った安田氏は「今、実情を知らない報道によって旧統一教会を全否定する言葉が飛び交っています。その報道によって家族同然の信者たち、そして二世の子供たちがどれほど苦しみ、悩んでいることか」と信者たちの窮状を訴えた。安田氏は50代の男性、昭和62年に入信し、信者の妻と5人の子を育て上げた自営業者である。

２０２２年9月28日、富山市議会は「富山市議会が世界平和統一家庭連合（旧統一教会）及び関係団体と一切の関係を断つ決議」とする議案を全会一致で可決した。その内容は、「藤井（裕久）市長並びに当局は、旧統一教会を極めて問題のある団体として、旧統一教会及び関連団体とは一切関わりを持たないことを決意し表明した。富山市議会も、藤井市長並びに当局と同じく、家庭連合及び関係団体と今後一切の関係を断ち切ることを宣言する」というものであった。要するに、家庭連合を指定暴力団なみの反社会的団体として扱うということである。

しかし、家庭連合は現に宗教法人格を持ち、世界１９０以上の国・地域で宗教活動を展開しているれっきとした宗教団体である。マスコミは高額献金のことや二世問題のことで騒いでいるが、これまで教団が刑事事件を起こしたことも教団幹部が不法行為に問われた例もない。地方公共団体が一切の関係を断ち切るというのは明らかに一線を超えている。

安田氏は市議会に決議撤回を求める請願書の紹介議員を探したが、それまで富山市の後援を受けてきた公的行事や選挙応援などを通じて良好な付き合いのあった議員からも議長からも市議会決議を理由にことごとく断られた。官公署に対する請願権は憲法一六条で保障された基本的人権であり、請願法は法で定められた方式（地方議会に対するものは紹介議員を必要とする）に則った請願については、これを受理し、誠実に処理すべき義務を定めている。それは民主主義の根幹を担う重要な参政権であり、特定の宗教団体に対し、公共機関が予め一切の関係を閉ざすことを宣言する決議が違法であることは余りにも明らかである。筆者が代理人となって提起したのは、行政事件訴訟法三条二項に基づく議会決議の取り消しと国家賠償法一条に基づく損害賠償を求める裁判である。

地方議会による同様の決議は、これだけではない。9月には大阪府の富田林市議会が「旧統一教会と富田林市議会との関係を根絶する決議」を可決し、11月には大阪市議会が、「旧統一教会等の反社会的団体の活動とは一線を画する決議」を可決していた。12月には大阪府が同様の決議を可決し、北九州市議会が「反社会的な旧統一教会に関与しないことを確認する決議」を可決している。いずれも7月8日に安倍晋三元首相が演説中に凶弾に倒れた後、山上徹也被告が母親の信仰していた家庭連合に恨みを抱いたことが動機だと報じられたことから始まった過熱報道に基づくものである。断絶決議を行った市議会には、これまで家庭連合の関連団体と深い関係を築いてきたという共通項がある。そこにはマスコミの責任追及から逃れるための自己保身が見え隠れする。いやしくも地方議会たるものがなんらの公権的な手続きも経ないで特定の宗教団体を反社指定し、差別的な取り扱いをすることの異常性を感じていないことに暗澹たる思いがする。

宗教弾圧とデジャブ

安田氏の話を聞き、家庭連合に対するバッシングは度を越えていると考えていた筆者はある覚悟をもって引き受けた。もとより家庭連合を擁護するつもりはなかったが、そこが自民党の泣き所だとみて突っ込んできた左派系マスコミに扇動された世論のこわばりを何とかしなければという焦りのようなものを感じていた。そこに美濃部達吉（東京帝大憲法学教授）が唱えた天皇機関説を不敬だとして糾弾した野党と朝日新聞などに煽られた世論が暴走、我が国の立憲主義が崩壊していった歴史をデジャブのように重ねていたからである。安倍元首相の暗殺で揺らいだ立憲主義の回復、家庭連合との繋がりを揶揄された安倍元首相の名誉回復のために、安田氏ら信者の窮状を利用させてもらうことにしたわけである。

請願権の侵害という形で、その権利侵害性が浮き彫りになったこれら関係断絶決議の違法性であるが、そもそもそれが信仰の自由を保障し、法の下の平等を保障する憲法に違反するものであることは誰の目にも明らかだろう。敷衍《ふえん》すると、憲法が二〇条一項（注1）で保障する信教の自由は、国際人権（自由権）規約（世界人権宣言を具体化したグローバルな条約）が一八条一項（注2）で保障する「宗教の自由」を包含《ほうがん》している。それは「単独で又は他の者と共同して及び公的に又は私的に、礼拝、儀式、行事及び教導によってその宗教又は信念を表明する自由を含む」というものである。そして、政治家を通じた政治参与について宗教を理由にした差別は禁じられている(同25条)。テレビのコメンテーターたちの中には宗教が政治に働きかけることをもって政教分離違反と捉える向きもあるがこれは明らかな誤謬《ごびゅう》である。そもそも宗教は個人の救済だけでなく、政治に働きかけてその理想を共同体で実現することを使命とする。アメリカ大統領選挙などの過程をみていると明らかであろう。宗教を個人の私的領域に閉じ込め、公共領域に関与することを否定するのは、宗教を反動イデオロギーとして敵視する左翼の戦略である（マルクスの『ゴータ綱領批判』岩波文庫参照）。政教分離は特定の教団に対する便宜供与や特別待遇を否定して宗教的中立性を確保するものであり、政治団体や市民団体の活動と同じく、宗教団体による政治関与や働きかけを否定するものではない。地方議会は自民党や共産党といった選別の自由をもつ政治団体ではない。いやしくも公共の機関である市議会が特定の宗教団体に対して一切の関係を断絶する決議は、信教の自由に対する侵害であることはもちろん、宗教を理由にする差別的取り扱いであり、法の下の平等（憲法一四条一項）にも違反することは明白である。

根拠薄弱な反社認定

地方議会による関係断絶決議を正当化するものは、その決議文にあったように、家庭連合が「反社会的団体」であるという決めつけだが、それは本来、犯罪集団である指定暴力団へのレッテルである。家庭連合はどのような犯罪行為を行ってきたのだろうか。

それらは家庭連合の活動による被害を取り上げて教団を糾弾してきた全国霊感商法対策弁護士連絡会（以下「全国弁連」という）に所属する弁護士らと彼らが被害者だとして担ぐ元信者や二世被害者らの一方的な告発を無批判に取り上げるマスコミ報道によって作り上げられたイメージによるものであった。信者らに高額献金させて壺を売りつけ、集団結婚式に参加させ、その家庭を破壊させ多くの二世被害者を生んでいるという異様で悪魔的な印象は、たちまちにして家庭連合が反社会的なカルト宗教であるという評価をつくりあげた。問題はその実像である。

高額献金は犯罪か

まず、筆者には高額献金がなぜ非難を受けるのかさっぱり分からない。かつて高額な壺の取引の形をとっていたことから「霊感商法」とネーミングされているが、基本的には信者による寄付や布施だと理解している。ディケンズの『クリスマス・キャロル』にもあるように、キリスト教世界においては、財産を寄付して貧者に施すことは善行であり、これを拒否するものは救われない。全国弁連、そして家族や二世被害者らの告発を聞いていると、マインドコントロールのマジックにかけられて騙されたとか、献金に応じなければ地獄に落ちると脅迫されたなどの訴えがある。果たしてイエスはなんといっていたか。聖書によれば、「永遠の命を得るために、何をしたらよいでしょうか」とたずねてきた裕福な青年に対し、イエスは、ただ戒律を守るだけでは完全ではなく、「帰って、持っているものをみな売り払って、貧しい人々に施しなさい」と答えている（マルコ伝10章）。青年は、「顔を曇らせ、悲しみながら立ち去った」という。そしてイエスは弟子たちに「よく聞きなさい。富んでいる者が神の国にはいるよりは、駱駝《らくだ》が針の穴をとおる方が、もっとやさしい」と説いた（マタイ伝19章）。そして、「神の国のために、家、妻、兄弟、両親、子供を捨てた者はだれでも、この世ではその何倍もの報いを受け、後の世では永遠の命を受ける」とまで言っている（ルカ伝18章）。

憲法（特に九条）の解釈と同じく、福音の解釈にもいろいろあるだろう。上記の福音をカトリックやプロテスタントの主流がどのように解釈しているのかは知らないし、家庭連合による解釈も私は知らない。しかし、神父時代のゴッホやイタリアの守護聖人アッシジのフランチェスコが「裸のキリストに裸で従う」ことを実践した話が知られている。仮に、裕福な信者に「全財産を売り払って献金しなさい。そうすれば天国に行けます（そうしなければ地獄に落ちます）」と説いたとしても、それは福音書に基づく教導の範疇ではないのか。なにせキリスト教の世界観によれば、天国に入れなければ、地獄に落ちて永遠の業火に焼かれ、あるいは煉獄《れんごく》に行き、延々と続く拷問に耐えなければならないのだから（ダンテの『神曲』にはそう書かれている）。

それをマインドコントロールによる詐欺や脅迫だといってしまえば、そもそもキリスト教の信仰は日本では成立しえないように思える。さらに聞くところによれば、家庭連合は２００９年に「コンプライアンス宣言」なるものを行い、先祖の因縁を語って印鑑等の物品を販売する活動を一切やめるように信者たちに指導したという。それが嘘でないことは、消費者庁が公表したデータが物語っている。それ以降は霊感商法に関する相談件数は激減しているからだ（２０２１年には29件）。末端での問題が根絶できていないとしても、それは完全収束への過渡的現象として捉えるべきである。教団自体が問題案件を容認し、放置してきたとはいえないだろう。

犯行動機と二世問題

山上被告による安倍元首相暗殺の動機が家庭連合に対する恨みだったとされている。その恨みは、母親が家庭連合の信者であり、高額献金を含む信仰活動によって家庭が崩壊したことに由来するという。安倍元首相を狙ったのは、安倍元首相が関連団体にビデオメッセージを送っていたことを知って、広告塔の役割を担った安倍元首相を狙撃すれば家庭連合の問題に社会的関心が集まると考えたからだと伝えられている。「身から出た錆《さび》」だとして小躍りした反安倍勢力は、早速、山上被告を英雄に祭り上げ、減刑嘆願の署名運動まで展開しはじめた。多くの知識人も世間に忖度してか、犯罪は肯定しないが、動機には同情の余地があり、カルト規制を急げといういかにも無難なスタンスを展開しているようである。違うだろう。暗殺された安倍元首相を家庭連合叩きの広告塔として利用したのは山上被告だ。暗殺を肯定できないことはもちろん、その動機に共感することも同情することもできない。メディアはなぜそう断言しないのか。

山上被告の目論見どおりか、家庭連合信者の二世問題が脚光を浴びることになった。高額献金によって家庭が崩壊したという言説が無批判にばらまかれ、世論の同情を集め、救済策として家族や二世による献金の取消権まで俎上に乗せられた。献金はマインドコントロールによるからだそうだ。自由財産を己の好きに処分できるとするのが日本国憲法の建前である。信者には人権の主体たる個人の尊厳すらないのだろうか。筆者には、二世救済の美名のもとに我が国の法治主義が骨抜きにされているようにみえる。

二世問題は家庭連合の信仰に特有のものではない。伝統宗教においてもその信仰と世俗意識との乖離に基づく葛藤があることは、荻上チキ氏の『宗教2世』（太田出版）で取り上げられているとおりである。欧米では、カトリック、プロテスタント、ユダヤ、イスラムといった相互に相容れない宗教が混在して争ってきた。当然のことながら、そこにも宗教二世問題がある。この問題について、国際人権規約一八条四項（注3）は、「父母が、自己の信念に従って児童の宗教的及び道徳的教育を確保する自由を有することを尊重する」としている。ドイツやスウェーデンなどの欧州諸国では信者の子供は教会などの教会名簿に登録され、国家が教会税の徴収を肩代わりしている。成人すれば名簿から外れることができるが、それまでは基本的に親の信仰が優先する。学校でも豚肉等を忌避するユダヤ教やイスラム教の信仰は尊重される。体育の授業や輸血を忌避するエホバの証人の信仰はよく引き合いにだされるが、輸血を拒否して子供を死亡させることを容認するかどうかは、信仰の自由を保障する憲法の限界事例として世界中で議論されてきた。

日本も批准している子どもの権利条約の一四条は、「児童の思想、信条及び宗教の自由についての児童の権利を尊重する」としつつ、「児童が権利を行使するにあたり、父母が児童に対しその発達しつつある能力に適合する方法で指示を与える権利及び義務を尊重する」としている。宗教の自由に関する親の権利は国に優先し、国はこれを後見的に監視する役割だとされている。筆者はそれでいいと考えている。子供が親の宗教を選択できないのは、人種、民族、性別と同じことなのだから。

家庭連合の反日性は？

家庭連合に対する世間の風当たりが強いのは、高額献金や二世問題以上にその反日性にあると思われる。南北に分断された朝鮮半島が世界の中心だとし、日本をエヴァの国としてアダムの国である韓国に仕えさせる。そして戦前の朝鮮統治によって朝鮮語を奪われ、創氏改名で姓を奪われ、農作地を奪われ、男は強制連行され、女は慰安婦として性奴隷にされたという日本悪玉史観である。インターネットの発達で、それらが悉《ことごと》く事実無根であったことが広く国民に知れ渡った現在、相も変わらず誤った歴史を言い募り、賠償金を請求してくる韓国に対する嫌悪感が定着し、日韓関係は史上最悪と評されるようになった。韓国中心主義・日本悪玉論をとると喧伝される家庭連合の評判が悪いのは当然である。しかし、家庭連合の信者らに聞くと、何年も前から教会で日本悪玉論的なことは教えられていないという。みんな天皇を尊崇しているし、英霊を祀る靖国神社を崇敬しているともいう。

翻って、家庭連合を異端視し、全国弁連と一緒になって家庭連合を叩き、脱会や改宗を促している日本基督教団や福音教会の牧師らの多くは、筋金入りの反日であることを見逃してはならない。日本基督教団は日本最大のプロテスタント教団（教会の集合体）であるが、1969年の万博反対運動を契機に極左集団（全共闘中核派等）と連携した造反派が「教会は革命の拠点である」と主張し、教団の機構、教会、学校を相次いで乗っ取り、信仰は崩壊した（小林貞夫『日本基督教団実録教団紛争史』第四章「教団の質的崩壊」）。教団は社会正義と称して、反差別を訴え、天皇制打倒を叫び、部落解放運動に取り組むようになった（同第十一章「反差別部落解放」）。かつて首相の靖国神社参拝に対し、全国各地の裁判所で違憲訴訟を提起した人たちの中心に日本基督教団の牧師らがいたし、沖縄の辺野古周辺で埋め立て工事を妨害する座り込みを指揮している牧師もいる。彼らは今、日本を軍国主義の権化とみなし、日本の朝鮮統治を史上最悪の植民地支配といい、世界中のプロテスタント教会に強制連行や慰安婦性奴隷が事実であると訴え、韓国の従北勢力と連携して活動している。反日は家庭連合ではなく日本基督教団の牧師の中にいると日本人は気づくべきである。

解散命令は困難

全国弁連らは嵩《かさ》にかかって、家庭連合を潰しにかかっている。曰く、家庭連合を潰さなければ二世被害はなくならない、こんな団体に宗教法人格を与えて税金の優遇措置を受けさせてはならない、と。情けないことに初動の対応を間違えてフラフラになった岸田文雄政権は全国弁連の言いなりである。問題も責任も全部家庭連合と安倍元首相におっかぶせて事態を収拾しようと押っ取り刀の体である。真相も見極めないまま自民党と家庭連合との関係断絶を宣言し、河野太郎大臣は消費者庁の委員会に全国弁連メンバーを招き入れてしまった。解散命令請求にまっしぐらである。

解散命令の要件は、「法令に違反して、著しく公共の福祉を害すると明らかに認められる行為をしたこと」（宗教法人法八一条一項一号）である。具体的には教団による犯罪行為である（過去に「一号」を理由に解散命令が出されたのは2件、地下鉄サリン事件のオウム真理教と霊視商法詐欺事件の明覚寺で、いずれも代表役員が刑事罰を受けている。因みにオウム真理教のときは弁護団は解散命令請求に反対していた）。しかし、これまで家庭連合及びその関連団体又は幹部らが刑事事件でも民事事件でも犯罪行為を認定されたことはない。前述した2009年の「コンプライアンス宣言」後は、消費者保護法違反に関する相談件数も数えるほどしかない。それが家庭連合によるものかさえわからない。文科省が解散命令を請求しても司法はとても認めないだろう。

心配なのは、SNSで広まっている解散命令についてのデマである。解散命令は宗教法人格を剥奪《はくだつ》するだけで家庭連合は、そのまま一般の社団として活動できるというとんでもない話である。オウム真理教の解散命令に関し、最高裁は、「宗教法人の解散命令が確定したときはその清算手続が行われ、その結果、宗教法人に帰属する財産で礼拝施設その他の宗教上の行為の用に供されていたものも処分されることになるから、これらの財産を用いて信者が行っていた宗教上の行為を継続するのに何らかの支障を生じることがあり得る」としている（1996年1月30日）。教会財産の全てを喪失した教会や信者らはどうやって宗教活動を続けていくのだろうか。

欧州カルト規制の実態

全国弁連の主張によれば、欧州ではセクト（secte）と呼ばれるカルト宗教の規制が進んでいるということだが、フランスでは1995年に172の団体をセクトとする報告書が出されたものの、2001年に成立したフランスの反セクト法は、特定の宗教団体をセクトと指定して監視対象とするものではない。一般的に反社会的な宗教団体をセクト的だとして取り締まるものである。マインドコントロール罪（精神操作罪）は魔女狩りへの道を開くという非難を受け、成立にはいたらなかった。

実際のところ、児童虐待等が問題視されているエホバの証人についてみれば、日本では、家庭連合と同じくカルトだと非難されているが、フランスでは2006年にコンセイユ・

デタ（国務院）の判決で宗教として認められ、ドイツでも2000年の憲法裁判所の決定を受け、2006年にベルリン州で公認宗教とされている（中島宏「フランス公法と反セクト法」〔一橋法学2002年11月〕、信山社『ドイツの憲法判例Ⅲ』No.84参照）。もちろん欧州においても家庭連合がセクト指定されたことはない。フランスやドイツにおいて最も問題視されているセクト的宗教はサイエントロジーであるが、その広告塔の役目を果たしているトム・クルーズの「トップガン・マーヴェリック」は、フランスでもドイツでも大ヒットした。欧州がカルト宗教を厳しく規制しているという全国弁連の主張は眉唾である。

内外の危機が同時進行する今、日本に求められるのは、一刻も早く正気に戻ることである。冒頭に記した家庭連合信者による裁判（その後、大阪市、富田林市及び大阪府に対して大阪地裁と北九州市に対して福岡地裁に同様の裁判を提訴した）が、熱狂に煽《あお》られた日本国民への冷や水となって、その正気を取り戻すためのカンフル剤となることを望むばかりである。

（注1）憲法第二十条
1、信教の自由は、何人に対してもこれを保障する。いかなる宗教団体も、国から特権を受け、又は政治上の権力を行使してはならない。
（注2）国際人権（自由権）規約第十八条
1、すべての者は、思想、良心及び宗教の自由についての権利を有する。この権利には、自ら選択する宗教又は信念を受け入れ又は有する自由並びに、単独で又は他の者と共同して及び公に又は私的に、礼拝、儀式、行事及び教導によってその宗教又は信念を表明する自由を含む。
（注3）国際人権（自由権）規約第十八条
4、この規約の締約国は父母及び場合により法定保護者が、自己の信念に従って児童の宗教的及び道徳的教育を確保する自由を有することを尊重することを約束する。

第二節　信教の自由を侵害した富山市の決議

鴨野守（かもの・まもる）
１９５５年富山県生まれ。金沢大学教育学部卒卒業。１９７８年世界日報社入社。２００９年から世界平和統一家庭連合（旧統一教会）広報局長。２０１７年から富山県平和大使協議会事務局長。フリージャーナリスト。主な著書に、『広島の公教育はなぜ崩壊したか』『広島の公教育に再生の道はあるか』『バギオの虹―シスター海野とフィリピン日系人の一〇〇年』『あばかれた「神話」の正体―沖縄「集団自決」裁判で何が明らかになっているのか』など。

自民党が家庭連合との関係を断つ

２０２２年７月８日の安倍晋三元首相銃撃事件以降の一連の騒動に拍車をかけたのは、まぎれもなく岸田文雄首相が自民党総裁として８月31日の記者会見で、自民党は世界平和統一家庭連合＝旧統一教会（以下、家庭連合）との関係を絶つ、と表明したからだ。茂木敏充幹事長は、方針を守れない議員とは同じ党では活動できないとまで発言。同団体との関係を議員本人から申告するよう指示を出したため、「関与」議員はあたかも悪いことをした人のようにメディアが扱ったことは記憶に新しい。

さらに10月25日、自民党はガバナンス・コード（統治原則）と呼ばれる党行動指針を改定し、家庭連合との関係を遮断するよう求める通達を、党所属の国会議員および地方議員に出した。

このため12月24日付産経新聞は、自民党福井県連が同日、家庭連合との関係を遮断するとの確約書を提出しなければ、令和５年春の統一地方選で候補者を公認、推薦しないと明らかにした、と報じた。

実は、自民党に家庭連合及び友好団体である国際勝共連合との関係を絶て、とこれまで迫ってきたのはほかでもない日本共産党だ。

遡ること１９７８年４月３日、共産党の内藤功参議院議員は参議院予算委員会で時の福田赳夫首相にこう迫った。

「勝共連合・統一教会はＫＣＩＡ（韓国中央情報部。現在の国家情報院＝ＮＩＳ）と非常に深い関係がある。（略）この際、こういう疑いを持たれる勝共連合・統一教会と一切手を切るということを宣明した方が、私は、総理大臣、自由民主党のためにもあなたのためにもいいんじゃないか。（略）こういう団体と手を切るということを、自由民主党総裁としてのあなたは、ここで言えますか言えませんか」

福田首相は、「私が勝共連合についていままで持っておる認識、それに立ちまするると、何も別に手を切るとかなんとか、そういうような問題は起こり得ざることであると、こういうことでございます」とやんわりと拒絶している。

さらに10年後の1987年7月10日、共産党の佐藤昭夫参議院議員は、時の中曽根康弘首相に激しく迫った。「総理、自民党総裁として、今後、勝共連合ときっぱり手を切ると明言されますか。また、勝共連合などを使って反動勢力がたくらむ国家機密法案再提出はやらないと断言していただきたいのであります」

だが、中曽根首相は「これ（関係断絶）は思想と行動の自由に対する重大なる侵犯発言であると私は考えています。共産党の独裁的な政策のあらわれではないかと私は考えています。こういう思想と行動の自由を侵害するような、こういう憲法違反的発言はぜひ慎んでもらいたいと、こう思うのであります」と述べ、決然と突っぱねたのであった。

岸田首相はこうした経緯を全くご存じなかったのか、自民党所属の国会議員のみならず地方議員の手足まで拘束する指示を出してしまったのだ。

これを最大の好機とみた日本共産党は、２０２２年９月及び12月、各地の地方議会で①旧統一教会との関係を断絶②首長や地方議員と旧統一教会の関係の調査③さらには被害者救済―などを求める請願や意見書を提出した。こうした決議案は自民党やほかの野党からも出された。

富山市の家庭連合信者が市を提訴

とりわけ９月28日に富山市議会が全会一致で可決した「富山市議会が世界平和統一家庭連合及び関連団体と一切の関係を断つ決議」は厳しいトーンだった。

全文はこうだ。

「藤井市長並びに当局は、旧統一教会を極めて問題のある団体として、旧統一教会及び関連団体とは一切関わりを持たないことを決意し表明した。富山市議会も、藤井市長並びに当局と同じく、旧統一教会及び関係団体と今後一切の関係を断ち切ることを宣言する」

これに対し、富山市内に住む50代の男性信者、安田慎《まこと》さん（仮名）が12月16日、富山市を提訴。安田さんは、決議は信教の自由を侵害するもので、宗教差別だとし、決議取り消しと精神的な慰謝料350万円を請求する裁判を起こしたのである。記者会見で彼はふり絞るようにして、言葉を吐き出した。

「これはただの宗教差別です。宗教を理由とした村八分でしかありません。そして、市議会はこれに異議を申し立てる陳情書を不採択にして、私が請願をいくらしてもことごとく断られてきました」

「いじめはよくない、差別は禁止だ、富山市も随分いじめや差別問題に力を入れておられますが、でしたら、この決議のどこが一体違うのでしょうか。私たち家庭連合信者がこの富山市を神様が訪ねて来られるような素晴らしい市にするために、どれだけ誠実に関心を持って献身的に活動してきたことか。信者の思いはどれだけ悔しさで溢れていることでしょうか」

「元はと言えば、旧統一教会とズブズブだという報道によって批判にさらされた岸田総理の発言が発端なのでしょう。どうして、そういとも簡単に関係を断絶するという発言が一国の総理である方から出てくるのか、私は驚いています。理解に苦しみます。いや絶対に理解できません。したくもありません」

「『いや旧統一教会が反社だからだよ』という方が大勢います。ではその定義はいつ、家庭連合が日本国によって反社団体と認定されたのでしょうか。そうでないとしたら、これはただの侮辱です。悪口です」

訴状では、富山市議会の決議は教団信者の政治参加を全面的に排除することを批判。この点を地元のテレビ局の記者が「（富山市議会は）社会的に問題がある団体との関係を絶つと言っているだけであって、宗教法人を弾圧するものでもないし、信者個人を弾圧するものではない。見解はいかがですか」と質問。

同席した原告代理人の徳永信一弁護士がこれに対して、「その結果、結局誰も、決議を尊重して請願の紹介議員を引き受けてもらえないという事態が生じている」と指摘。

ところが富山市議会の鋪田博紀《しきだひろのり》議長（当時）は、「（決議が）ただちに信者の信教の自由等を侵害することにはつながらないと思っています」と答えている。決議が、信者の信教の自由を侵害したかどうか。これから法廷で本格的な攻防が展開されていく。

明確な根拠示さず「関係断絶」を明言した岸田首相

さて、小原泰・シン・ニホンパブリックアフェアーズ代表取締役は、岸田文雄首相が２０２２年８月31日の記者会見で、家庭連合との関係をめぐり、「国民の皆様から懸念や疑問の声を頂いている」と詫びて、「教団との関係を絶つ」と明言したことについて、こう評価している。

「岸田首相が下した今回の『断絶宣言』は、約４５０年前、豊臣秀吉が下した『バテレン追放令』（１５８７年）と重なって映る。バテレンとはポルトガル語で『神父』。秀吉は、自身の主である織田信長が天下を取るために引き入れたキリスト教部隊を、政権から追放するという決断を下した。

織田信長を安倍晋三（とその一族）、豊臣秀吉を岸田文雄にたとえると、今の局面と似ている」（「東洋経済オンライン」２０２２年９月６日付「岸田政権『旧統一教会断絶宣言』重なる歴史の意味」より）

だが、果たして本当に岸田首相は評価できる判断を下したのだろうか。筆者には全く逆に映るのである。

刑事裁判でさえ、有罪判決を受けるまでは、被疑者や被告人を無罪として扱わなければならないという「推定無罪」の原則がある。ところが、教団とその友好団体の関係者は、逮捕されていないばかりでなく、刑事事件の容疑者でもない。それなのに、確たる法的証拠も提示されないまま、メディアと岸田首相から「有罪」判決を言い渡されたかのような扱いが続いている。

一部の有識者や議員たちから、「それでは、内心の自由を侵害するのではないか」との意見が出されても、首相は全く聞く耳を持たず、自民党は２０２２年秋、地方議員に対しても、関係を遮断するよう通達。

こうした自民党の姿勢も影響し、地方議会で、教団との関係断絶や非難決議が相次いで起きた。民主主義国家において、議会は最高の意思決定機関である。その市議会が教団及び友好団体との関係を一切、断つとか、根絶するなどという激しい決議をするのは、異様な事態と言えよう。

それゆえ、富山市を皮切りに、大阪市・富田林市・大阪府・北九州市の信者や関連団体が決議の取り消しを求めて提訴したのは、彼らにとってまさに死活問題だからだ。

この裁判について、中川晴久・東京キリスト教神学研究所幹事、日本キリスト神学院院長が、興味深い論考を示している。

彼は、テレビメディアから流れる政治家と家庭連合に関する過熱した報道のあおりを受けて、関係断絶の決議をした市などを相手に起こされた訴訟について、「この裁判は統一協会側の勝つ可能性がかなり高い。むしろ統一協会が勝たねば、日本の司法自体が議会制民主主義の根幹を脅かすという自己矛盾を抱えることになる」（日本キリスト教オピニオンサイト「ＳＡＬＴＹ」２０２３年2月23日付より。原文のママ）と指摘。

さらに、中川氏はボランティアの語源が「自らの自由な意志」であり、これが西欧型民主主義における人権の基軸ともなっていると説明。それゆえ、政治的なボランティア活動も認められるべきとの立場であり、「この状況下では政治家は統一協会と距離を置く必要を感じているはずだ。しかし、それをもっても政治家と統一協会の関係は、政治家と票との距離感の関係に収める必要がある。そこから離れて、政府自体が一つの宗教を特別に否定するというのは、憲法上許されるものではない」とする。氏はもちろん教団に対して厳しく、「統一協会問題の中心は歴史認識問題」であり、ここにメスを入れるべきだ、と言及する。それでもなお、宗教と政治のかかわり方において冷静だ。

ところが、メディアはどうだろう。日本世論調査会は2023年1月2日、4月の統一地方選に関する全国郵送世論調査の結果を公表。家庭連合と候補者との関係を選挙で「大いに」「ある程度」考慮する人は計81％、「あまり考慮しない」「考慮しない」が17％であったと報じた。「考慮する」主な理由は、「政治に影響を与えるのを回避したい」「投票すれば教団容認につながる」などと回答している。

マスコミがさんざん、教団と政治家の関係はけしからんとあおったうえで、さらに統一地方選の世論調査で、教団との関係について質問をする。メディアによる家庭連合および友好団体への「リンチ」をいつまで続けるつもりか。

一方、『月刊正論』2023年3月号に、「旧統一教会信者なら人権侵害していいのか」と題した徳永信一弁護士の記事が掲載された。先述の市議会などを相手に訴えた原告代理人である氏は、こう分析している。

「断絶決議を行った市議会には、これまで旧統一教会の関連団体と深い関係を築いてきたという共通項がある。そこにはマスコミの責任追及から逃れるための自己保身が見え隠れする」

「いやしくも地方議会たるものがなんらの公権的な手続きも経ないで特定の宗教団体を反社指定し、差別的な取り扱いをすることの異常性を感じていないことに暗澹たる思いがする」

この指摘に筆者は、目からうろこが落ちた思いだった。富山県、富山市、高岡市と筆者がおつきあいのあった議員の多い議会で相次いで決議が行われた。

彼らがこの春の統一地方選を前にして、マスコミや有権者の追及をかわす自己保身のために、関係遮断決議に積極的に賛成し、そうした関係が薄い自治体であれば、他人事であり、決議に踏み切る必要もなかったという。

だが、愚痴は言うまい。逆境を超えてたくましくなり、日本に必要な運動と言われる存在となれるかどうか。一つの正念場を迎えている。

第二章　吹き荒れる魔女狩り報道

鴨野 守

第一節「魔女狩り報道」はこう作られる

まるで尋問のような取材

２０２２年7月8日の白昼、安倍晋三元首相が銃撃された事件に端を発し、メディア各社は事件そのものの真相究明ではなく、容疑者が犯行動機として名をあげた家庭連合に焦点を当てた。

以来、同教団への徹底糾弾、そして同教団または友好団体と政治家との関与に、報道のエネルギーの大半が費やされたように見える。

そして、友好団体の大会への祝電、あいさつ、実行委員に名前を貸したというだけで、政治家の名前をブラックリストに載せて批判した。彼らは教団のＰＲに加担したとされ、有形無形の「影響力」を行政や政策に与えたに違いない、と報じられた。

筆者は、この「反家庭連合」キャンペーン報道の渦中で、報道がどのようにして作られていくのか身をもって体験した。その内実を報告する。

私はかつて家庭連合（旧統一教会）の広報局長を２００９年から8年務め、２０１７年春に故郷富山に戻ってからは、フリージャーナリストとしての活動のほかに、家庭連合の友好団体である富山県平和大使協議会の事務局長、世界平和連合の富山県本部事務局長として、富山県内の政治家、有識者の渉外活動を担当してきた。私たちの活動が熱心すぎたためか（?）連日、地元のテレビや新聞で、知事や市長、県議、市議等への追及がなされている。

平和大使協議会の役員や講師などは、私たちの活動の趣旨、目的に賛同し、全くのボランティアで協力してくださった方々である。その方々がマイクを突き付けられて、「どう関わっていたのか」「背景を知ったうえ選挙応援を受けたのかどうか」と、まるで尋問されるかのような光景を見て、心がふさいだ。

国際勝共連合の意義

また、ある日、富山県外の議員の発言が耳に入ってきた。

「報道の内容は真実なんだろうね。だって、君たち全く反論していないよね。僕は、君たちと距離を置かせてもらうよ」

私たちが沈黙していては、ますますお付き合いしている先生方を窮地に追い込む結果になってしまわないか。機会があれば言うべきことは言わないといけない、と腹を決めた。

7月下旬から、私に連絡してきた複数の民放テレビに対して、書面や電話で答えた。8月4日、KNB（北日本放送、日テレ系）から、「スタジオでインタビューさせてくれないか」との申し出があり、受けることにした。

インタビューの冒頭、私はこう申し上げた。

「7月8日の安倍先生の銃撃事件に端を発しまして、家庭連合とその関係団体とのかかわりというニュースが、洪水のように流れてまいりました。そのなかで、協力いただいている先生、有識者の皆さんに迷惑をかけていると痛感しています。

役員の諸先生には、アドバイザーとしてご助言をいただいております。講師で来てくださる方もあくまでゲストです。企画やプランなどは事務方が担当しておりますので、事務局長の私のほうからきちんと説明させていただこうとまいりました」

その後、友好団体の設立目的、活動内容などを説明した。

世界平和統一家庭連合を設立した創始者、文鮮明《ムンソンミョン》師は「宗教だけで世界平和を実現するのは難しい。その他の分野、特に現実社会は政治の影響力が大きいので、世界を共産化から防ぐためには政治団体が必要だ」と考えて、1968年に国際勝共連合を設立したのだ。60年安保、70年安保闘争の当時は、日本全体が革命前夜のような危機的状況にあり、共産主義の脅威を訴え対決したのが国際勝共連合だった。

また、社会運動としてのUPF（天宙平和連合）は、国連経済社会理事会の総合協議資格をもつNGOであり、日本の各都道府県において平和大使協議会という名称で活動している。

私はKNBの記者に訴えた。

「それぞれの団体にそれぞれの目的、趣旨があり、その設立目的の実現に向かって活動をしています。決して、教団のシンパを集めるための、いわゆるダミー団体などではないということです」

選挙応援に関する誤解

そのわかりやすい事例として、2022年5月に開催した高岡市の角田悠紀《かくだゆうき》市長の講演会（富山平和大使協議会主催）を紹介した。

大変、財政事情の厳しい高岡市にあって、若き角田市長が故郷を守ろう、未来の子供たちのためにもしっかりとした高岡を作っていきたい、という熱き思いで、獅子奮迅《ししふんじん》の取り組みをされている。その様子を直接、一般の市民に伝える機会を設けたいと考えた次第だ。

角田市長の講演を聞かれて、市民の方もそうだが、驚いたことに、参加された地元議員の方も、「来てよかった」との感想を述べられたのである。私はKNB記者にこう話した。

「こうして市長と市民の間が近くなった、高岡のために頑張ろう、という市民の方が一人でも増え、さらに情熱をもって行政にかかわる議員が増えたら、もうそれだけで講演会を開催した意義はあったと理解しています。6月に開催した富山市の藤井裕久《ひろひさ》市長の講演会も同様です」

次に、なぜ選挙応援をするのか、との質問にはこう述べた。

「人々の普段の生活に最も影響力を持つのは、政治の力だと思います。その地にダムを造るのか造らないのか。原発を推進するのか止めるのか。私たちは明確に保守・自民党の施策を支持する立場です。政治が不安定であれば、そのしわ寄せはそこに住む住民が被《こうむ》るのです。

たとえば、知事や市長が保守と革新で4年ごとに交代するというのは、地元の人たちにとって大変、不幸なことだと思います。もちろん、自民党の候補者全員を応援するほどの力はありません。わずかな後援会名簿集めであっても、志《こころざし》を同じくした方を応援してまいりました」

看過できない報道

最後の質問は、「視聴者に伝えたいこと、訴えたいこと」だった。

私は丁寧に言葉を選んで、心を込めて語った。

「私は個人的に安倍先生を大変、尊敬しておりました。正直に言えば、私たちの友好団体の多くのメンバーも同じ気持ちではないか、と思います。安倍先生は勉強家で、頭の回転は速く、それでいて威張らず、大変ユーモアとウィットに富んだ方とお見受けしています。

２０２２年5月29日、富山で開催された自民党政経文化セミナーで、安倍先生がご自身を支えてくれた官房副長官の野上浩太郎先生を紹介するときも、『彼は大変よく働いてくれました。ただ、私がちょっと困ったのは、彼が私よりも背が高くて、目立つことでした』と言って、会場を笑わせていた場面をビデオで拝見しました。

しかし、昨今の報道は、安倍元首相は八方美人で、どこにも愛想を振りまいた。評判の芳しくない家庭連合の関係団体、UPFにもリップサービスをした。『安倍元首相、脇が甘かったね』というトーンの報道は看過できません。UPFでは朝鮮戦争から70年を迎えた2020年から、世界の政治家、学者、文化人を幅広く集めて、この戦争について世界中で議論してきました。

そのような議論の土台の上で、朝鮮半島の平和統一の道を模索するという壮大なセミナーが開かれました。

この取り組みにトランプ大統領が賛同し、ビデオメッセージを寄せてくださることが決まった。その流れで、同じ自由主義陣営の指導者であり、トランプ氏の盟友であった安倍氏に対し、メッセージを依頼したとのことです。

安倍氏のメッセージの中身について、メディアでは韓鶴子《ハンハクチャ》総裁を称賛したことだけが取り上げられているが、安倍氏が評価したのは、こうしたUPFの長年の取り組みに対するものでした。

ここにメッセージを寄せた前米国政権のトランプ大統領、ペンス副大統領、ポンペオ国務長官、および潘基文《バンギムン》前国連事務総長らは、みな脇の甘い人たちばかりなのか。いや、決してそうではない。彼らはみな東アジアの平和と安定に対する強い関心を持っているがゆえに、このイベントにメッセージを贈ったのであり、安倍氏の動機も同じであったと思います」

だが、角田市長の講演会の件、選挙協力の理由、安倍元首相に関する話は放送で一言も流されなかった。

目が輝き始めたキャスター

一時間近いインタビューはここで終わるはずだった。ところが、陰で私の応答を聞いていた報道制作局専任局長、数家《かずいえ》直樹キャスターが突然出てきて、床に膝をついて「少し補足質問をさせてください」と切り出した。

簡単な質問と見せかけていたが、実は本当に訊きたかった質問が含まれていた。というのも、私が十数年前、砺波《となみ》市の男女共同参画推進委員に名を連ねていることについて訊いてきたのである。

この質問は、前日にＫＮＢが出してきた質問に含まれていた。私はかつて戸塚ヨットスクールに寝泊まりして取材をしたことがあるが、同様に男女共同参画の内側も見てみたいというジャーナリストの好奇心から推進委員に公募した。

しかし、そのことと平和大使協議会事務局長の活動を一緒にされては、推進委員としてなにか政策に影響を及ぼす、という穿《うが》った見方をされる危険性があると思い、「その質問には答えない」と前日、断ったのだ。

ところが、それを持ち出してきたのである。担当の神林賢範《かんばやしまさのり》記者にそれを告げると、「すみません、連絡ミスでした。ごめんなさい」と言う。

私は数家キャスターに「ジャーナリストとして関心があった」と述べ、「ＬＧＢＴ推進条例や、同性婚の動きを危惧している立場だ」と語った。その時、数家キャスターの目が輝いた気がした。「ほしい言葉を耳にできた」という表情とも感じた。

2時間近い取材を終えて、午後3時前にＫＮＢ本社をあとにした。この日は、少しだけ扱うかもしれないといわれたが、夕方の番組は20分ほどの特集扱いだった。はじめに私のインタビューが流れ、そのあとに「〝統一教会〟の関連団体はイベントや講演会など、形を変えながら政治家と接点を持ってきました」とのナレーションが流れて、ジャーナリストの有田芳生《よしふ》氏の次のコメントが紹介された。

「接近していくことに目的があって、仲間を増やしてそのなかから信者にできる人がいないかなとか、あるいはお金を出してくれる人いないかなという、そこが目的なんです、最終的には」

主客転倒、あべこべの編集

次に、「県内で〝統一教会〟と政治の関わりを調査している」という斉藤正美・富山大学非常勤講師が登場。「旧統一教会の方が政策に影響を与えた例として、私が最初に気付いたのが富山県内の事例でした。公募だったり、地域推薦だったり、そのなかに男女共同参画に反対だよ、って言ってる人が一人入っている、でリーダーになっている」として、私が男女共同参画推進委員になったことを問題視する発言が続いた。

その当時に上演した寸劇の内容が、「男女共同参画じゃない。〝統一教会〟の考えがしっかり入っているなと思った」とまで断言。

まるで、私が本来のシナリオを捻《ね》じ曲げたと言わんばかりだ。あの時のシナリオは参加した人たちと議論して仕上げたものであり、私の独断では決してない。

最後には、全国霊感商法対策弁護士連絡会事務局長・山口広弁護士が登場し、「〝統一教会〟の教義を教えられて、離婚するかどうかで悩んでおられたご婦人がビデオセンターっていうところに連れていかれて3百万円献金させられた、と相談を受けました」などと話し、警戒心を煽《あお》る番組の構成となっていた。

それにしても不思議な気がした。私のインタビューのあとで、有田氏、斉藤氏、山口弁護士に、私の映像を見せたうえでコメントを取ったのだろうか。それから編集して夕方のニュース番組に流すことなど、果たして時間的に可能なことか。私はその夜、担当の神林記者に電話で尋ねた。

「後半のコメントは、私の映像を見たうえでのものなのか？」

良心の呵責《かしゃく》があったのか、不意の質問だったからなのか、神林記者は正直に答えてくれた。

「違います。鴨野さんのインタビューの前に収録していました」

つまり、こういうことなのだ。私が神林記者に断った男女共同参画推進委員の質問は、数家キャスターが代わって聞き出す。神林記者は、連絡ミスということで弁明する。一方、事前に一連の問題を追及する関係者のコメントを収録しておく。有田氏は教団の勧誘問題を扱い、山口弁護士は被害事例を、斉藤氏は政策に浸透する手法への警戒を語る役割というわけだ。

私のインタビューを受けて三氏がコメントする編成に表面的にはなっているが、実際は、先に収録した三氏のコメントに沿うように私の発言を誘導し、組み合わせたのである。全くの主客転倒《しゅきゃくてんとう》、あべこべの編集がされたのである。

この番組制作の最大のポイントはひとつ。番組の〝いけにえ〟となる鴨野をどう言葉巧みにおびき出すかだったのだ。私はよく冗談で、「飛んで火にいる夏のカ、モ、」と自虐的に語ることがあったけれど、それが現実となった。

ある程度の集中砲火は覚悟してスタジオに出向いた。私の仲間、グループの青年、家族、そして活動の趣旨に賛同してくださった議員・有識者の方々に向けられた誤解を少しでも解消したい、その一心でテレビ局の取材を受けた。

だが、普段、「差別はいけない。先入観でものを見てはいけない。多様性が大事だ」など声高《こえだか》に叫ぶメディア、思想信条の自由、言論の自由を守護すべき学者やインテリと言われる人たちが、違う考えや、違う価値観を持つ人たちの主張を聞くそぶりをしながら、実は全くそのような人権的な配慮はなく、私が登場する前から、すでに「判定はクロ」と決まっていたのだ。

拉致監禁を容認した有田氏

有田、山口両氏と私は面識がない。面識もなく、さらに私の発言内容を聞くことなく、私と私の関係団体を断罪することなど、知識人なら決してしてはいけない。それは私たちを敵視する左翼運動家のなせる業《わざ》だ。それを容認し、加担するテレビ局も同じ世界に住んでいる。

ここで、ジャーナリスト有田氏について言及しておきたい。

家庭連合は過去50年余りの間に信者約4300人が反対牧師や脱会屋の宮村峻《たかし》氏らの教唆を受けた家族・親族らによって無理やりに拉致《らち》され、外部との連絡を完全にシャットアウトされたなかで、家庭連合の信仰を棄《す》てるように強要された過酷な歴史を持つ。そのため、拉致監禁された信者の7割ほどの信者が脱会させられたが、脱会後もPTSD（心的外傷後ストレス障害）などの後遺症で苦しむ者も多い。

監禁場所から逃げようとして骨折や重傷を負ったり、監禁中に自殺したケースやレイプされた女性もいた。

K氏（59）は1992年6月、帰省したところ、親族らに羽交《はが》い絞《じ》めにされて監禁された。拉致を主導したのは宮村氏。彼の指揮のもとに家族、牧師、元信者らが、拉致監禁という非人道的で精神に癒しがたい傷を与える行為に加担した。

K氏の父があるとき、「お前が外に出て、グループのこんな違法な活動が世間にわかったら活動できなくなる。お前を生きて出すわけにはいかない。お前を殺して俺も死ぬ」と叫んだ。その父の様子を見て、彼は「信仰を捨てた」と嘘を言った。

すると宮村氏は、彼を「棄教者」として、マスメディアにさらし者にしたのである。

1993年7月、新潟県内の山荘に監禁されていたとき、有田氏と週刊誌記者が取材に来た。その後、有田氏らは「一年間も閉じ込められていて、よく耐えられましたね」と発言。彼自身、拉致監禁という違法行為を深く認識していたのであった。

しかし、この時の記事には、拉致・監禁の事実は一行も書かれていなかった。後日、監禁から脱出したK氏が自身の体験を手記として公表し、その場面を描写したが、有田氏からの抗議は一度もなかったという。

また、1994年6月16日午後、有田氏は関西地方在住のM氏（51）が監禁されているマンションを訪問している。

案内したキリスト教神戸真《しん》教会の高澤守牧師が、「カーテンは開けられない、窓は針金で固定され開けられない、玄関のドアは南京錠で固めてあるので出られない、こんな状況のなかで、この子はいままで耐えてきたんですよ」と説明。M氏も「自分がガラスを割って逃げないように、透明のプラスチックの板まで張りつけてあるんですよ」と言うと、有田氏は「そこまでするのか」と呆れていたという。

M氏は、ジャーナリストとして社会的責任を持つ有田氏が、法律に反し、社会常識から外れた拉致監禁・強制棄教を容認する姿を見て、心から失望したという。

さて、2022年8月4日発売の『週刊文春』で、ジャーナリストの米本和広氏がいみじくも指摘している。

「メディアもすべてを『白か黒か』にする。カルト的です」

メディアが引き起こした集団ヒステリーが全国を覆い、政治も右往左往している。第四権力と言われるメディアが〝暴走〟する怖さ、計略的な影響力を改めて思い知らされた。

それでも私は、この集団ヒステリーが収まった向こうに、〝事件の真相〟を伝える報道が増えていくと確信している。

第二節　漫画家・小林よしのり氏にレッドカード！

『週刊FLASH』2022年9月27日・10月4日合併号は、「小林よしのりが断罪！櫻井よしこら『自称保守』と統一教会の〝ズブズブ過去〟『LGBT&夫婦別姓問題もただのプロパガンダ』」と題する記事を掲載した。

ここで小林氏は、保守論客の櫻井よしこ氏や小川榮太郎氏といった安倍晋三元首相に近い言論人たちの発言を、〝統一教会擁護〟と決めつけて、こう非難した。

「〝自称保守〟は、今回の問題で『信教の自由』『暗殺事件からの論点ずらし』と言っていますが、大前提なのが『統一教会は反日カルトだ』ということですよ。カルト集団が生き延びる術として、権力に擦り寄っていく手法を取ってきたわけです。それをまんまと権力の中枢にまで反日カルトを入り込ませてしまったことに、日本の保守陣営は恥と感じないのか、ということがいちばんの問題です」

「統一教会は反日カルトだ」とのレッテル貼りは左翼・共産党の常套手段だが、これを小林氏が安易に使用する背景には、かつて自身の親族が統一教会に入信してしまい、〝奪還失敗〟した過去があるからだろうと想像する。

小林氏らは、旧統一教会に近いとされる日刊紙「世界日報」の関連団体「世日クラブ」での講演会に着目し、調査。それをもとに小林氏らが執筆するメールマガジンで、講師陣を名指しで厳しく非難している。

しかし、筆者は小林氏に問いたい。なぜ、こうして批判をする前に、自分自身の足元を「点検」しなかったのか。一体何のことか、と言われるであろう。私から該当箇所をお示ししよう。

２００９年10月５日初版発行の、「ゴーマニズム宣言２ＮＥＯ　日本のタブー」第11章『「世界」に暗躍する全体主義者』１６０ページ目だ。（次のページに掲載）

小林氏が書いた文章を以下に紹介する。

最近、沖縄戦の集団自決に『軍命』はなかったことを実証した『暴かれた「神話」の正体』という本が出た。その本で知ったのだが、作家の曽野綾子氏は24年も前の昭和60年にこう指摘していたそうだ。

私はかねがね、沖縄という土地が、日本のさまざまな思想から隔絶され、特に沖縄にとって口あたりの苦いものはかなり意図的に排除される傾向にあるという印象を持っていた。その結果、沖縄は、本土に比べれば、一種の全体主義的に統一された思想だけが提示される閉鎖社会だなと思うことが度々あった。

同書の著書・鴨野守氏は、沖縄の思想風土に疑問を呈する記事を書き続けていることに対して、ある現職教育長に真顔でこう言われたという。

怖くないですか?

沖縄の人は、異論を唱えることを「怖い」と思うのだ。それはなぜか? 鴨野氏は、沖縄でわし（註・小林よしのり氏）の講演会を開いた那覇市職員、高里洋介氏を取材している。高里氏は上司に呼ばれ、講演会のことに言及され、こう告げられたという。

君については課長に昇進も考えていたけ

ど、ダメだな！

昇進に値するだけの職責を果たしていても、小林よしのりを呼んだら沖縄で決して出世できないのだ！（引用終わり）

この記事の初出は、『ＳＡＰＩＯ』２００９年７月８日号だ。

『暴かれた「神話」の正体』は、祥伝社から２００９年４月下旬に発行された本である。私が「世界日報」編集委員として数年間、ライフワークの１つとして取材した「沖縄戦集団自決」に関してまとめた１冊だ。

小林氏は、世界日報社で開催された世日クラブの講師をリストアップしてその講師陣をあげつらうが、その一方で、世界日報記者である私が書いた著作の内容を、自身の漫画の中で２度にわたって好意的に紹介している。全くもって首尾一貫していないではないか。

改めて言うまでもないが、人は他の人との関係性の中で生きており、社会生活が営まれている。それは作家である小林よしのり氏も同じだ。小林氏は、その作品を通じて、全体主義を嫌い、自身の著書の宣伝でも、「新聞、テレビのデマに踊らされるな！」と訴えてきた人物だ。そうであれば、（昨今の新聞、テレビのデマに踊らされることなく）先入観や予断をもって、特定の人々を排除し、色分けすることをやめてはどうか。

さてもう1つ、小林氏が批判した櫻井よしこ氏が、『月刊Ｈａｎａｄａ』２０１９年8月号で、安倍晋三首相（当時）と対談、世界日報の話題を扱っている箇所をご紹介したい。

櫻井　憲法改正と関連して、『月刊Ｈａｎａｄａ』（同年）6月号に掲載された論文「直筆御製発見　昭和天皇の大御心」（著者は「世界日報」編集局長の藤橋進氏）について、どうしても触れておきたいと思います。

安倍　『月刊Ｈａｎａｄａ』6月号の論文は、私も拝読して大変感銘を受けました。母にも見せたところ、読んで涙ぐんでいましたね。（ここまで引用）

昭和天皇の直筆の未発表の御製２１１首の中に、岸信介元首相の訃報に接して詠まれたものがあった。そこには、安保改定時の岸首相の孤独な戦いへの深い同情がこめられていた。藤橋氏は「『国のたひらぎ』を詠われ祈られた昭和天皇だが、決して空想的平和主義者ではなかったということだ」と『月刊Ｈａｎａｄａ』6月号で指摘している。

このような優れた記事を書く藤橋進氏、掲載した「世界日報」、これを賞賛する櫻井よしこ氏を、〝自称保守〟などという侮蔑な表現で批判してはならない。

第三節　思想警察と化したメディア

ＮＰＯ法人「あなたのいばしょ」理事長、大空幸星氏（23）が２０２２年10月27日、フジテレビの情報番組「めざまし８（エイト）」に出演し、家庭連合報道について、次のように言及した。

「国会も含めて社会全体が思想警察みたいになってしまっていて、名刺交換どころか、その場で一緒にいて同じ空気を吸ってるだけでも絶対悪だ、みたいな空気があるのは事実。そういうことが許されるようなことは絶対にあってはならない」

２０２２年７月８日、凶弾に倒れた安倍晋三元首相の事件以降、突如として起きた家庭連合と友好団体に向けられたメディア・バッシングの嵐は秋を迎えても止むことはなかった。

常日頃、異論を許さない「同調圧力」を厳しく批判するマスメディアが、この問題においては同調圧力の先頭を走り、あおっている。

筆者が体験し、見聞きした「同調圧力」の実際をご紹介したい。

9月1日、地元のKNB（北日本放送）は、「南砺市の条例策定委員に〝統一教会〟関係者」とのタイトルで、統一教会関連団体と関わりを持つ男性が、南砺市の子どもの権利条例策定にも関与していることが判明したと報じた。

南砺市の田中幹夫市長は2021年7月、その男性に条例策定委員を依頼。選定方法に問題はなく、「旧統一教会系のおしつけた雰囲気は一切口にはだしていない。逆に的確なアドバイスをしてもらっていると聞いています。その方（男性）がいることで、大変大きな問題があるというふうには考えていません」と強調した。

しかし、KNBはその番組内で、紀藤正樹弁護士を登場させて、「政策決定に影響を与えるのは結果が出たかどうかの問題と違う。これは、一緒の手続きであって、まさにコンプライアンス（の問題）。政策決定に仮に影響がなくても影響を与える地位にあること自体が問題」と発言。

KNBのアナウンサーは、番組の最後にこう述べた。

「条例策定の男性は、県内で活動する統一教会の元幹部の鴨野守氏と深いかかわりがあります。紀藤弁護士は、鴨野氏が県内の政治家と教団をつなぐキーマンだとみています」

続いて、別の記者が、「県内政界と統一教会とのつながりについて皆さんの情報をお寄せください」とメールアドレスを案内する。これでは、まるで鴨野守は、「お尋ね者」だ。メディアが、「思想警察」と化しているのは明らかである。

２０２２年9月23日、南砺市の子どもの権利条例策定委員会のメンバーが、田中市長に素案となる提言書を提出。あわせて同市は第三者委員会を立ち上げ、旧統一教会に近い男性が策定委員に入っていたことから、条例案の検証をするという。

同条例策定委員会の彼谷環《かやたまき》委員長は、「素案作成作業の中で、特定の団体の教義や思想が入り込んでいないか、市民に不安を与えるような事案がありました。国際法である『子どもの権利条約』の理念にしっかり沿ったものであるかどうか、公正公平な立場から検証していただきたく第三者委員会の設置を求めます」とコメントした。

大学教授や弁護士などで検証委員会は構成され、検証作業が行われた。10月17日、検証委員会の森透委員長（福井大学名誉教授）は記者会見を開き、「当該委員の方の発言記録を全部読みまして、結論としては特に問題がない。（当該委員の発言は）家庭の大事さを言っているのであって、いわゆる〝統一教会〟云々の問題ではないと」と述べた。

ところが、地元の共産党議員、中島満氏は9月議会で、仮に内容が変わらなくても、その人物が関わっただけで、条例が市民の共感を損ねることになるとして、策定委員を辞めさせるよう求めたのである。あれあれ、共産党は「市民の味方」ではないのか。思想信条の自由を守るのではなく、糾弾するというのであれば中島市議も、「思想警察」の仲間入りである。

さて、地方議会でも共産党議員がこの時とばかりに攻撃に出ているが、そこでさまざまな「事故」が起きている。

日本共産党所属の岩崎久男町議（福島県桑折町）が2022年9月1日、町議会の本会議で、「知人から聞いた話」と前置きした上で、社会福祉法人の理事長の実名を挙げ「過去に旧統一教会の印鑑を高額で販売した」と断言。しかし、事実誤認が判明し、5日の本会議で発言を撤回、13日に議員辞職した。

同9月14日、四国中央市議会で、日本共産党の飛鷹裕輔《ひだかゆうすけ》議員が、「統一教会の反社会的活動による被害」「霊感商法や合同結婚式など、数々の反社会的な問題を引き起こし、現在も続いている集団」などと発言した。

これに対して、地元の家庭連合の信者有志が、同議員が行った事実誤認の発言を議事録から削除するように議会に陳情し、7カ所の発言が削除された。

同9月22日、新潟県上越市議会でも、共産党の平良木《ひららぎ》哲也議員が、「麻薬関連のマネーロンダリングと密輸、信者の拉致監禁問題など、反社会的行為を繰り返してきたと言われています」などと、まるで家庭連合がヤクザまがいの組織であるかのような暴言を放った。地元の教会関係者が削除を申し入れたが、議会事務局では「削除は議会が終了していて厳しい」。

こうした暴言の数々をまき散らす共産党議員の狼藉を決して許してはならない。

第四節　共産党議員の横やりで外務大臣賞取り消し／モザンビーク「太陽学校」

外務大臣表彰取り消しの理不尽

安倍元首相銃撃事件に端を発した家庭連合糾弾キャンペーンは、教団と友好団体が、社会の非難を浴びなければならない、その明確な根拠が明示されないままに、彼らを犯罪者のごとく扱っている。

そうした中、日本共産党の志位和夫委員長は2022年10月26日のツイッターで、家庭連合や、共産主義を批判してきた関連団体「国際勝共連合」に対する敵意をむき出しにした。「長い闘いだった。彼らが反共の先兵として最初に牙を剥いたのは、1978年の京都府知事選だった。2000年の衆院選では膨大な規模の反共・謀略ビラがまかれた。今度は決着つけるまでとことんやりますよ」

この時とばかりに、全国の地方議会で共産党議員が中心となって、家庭連合や関連団体との関係断絶、「被害の救済の徹底」などの言質を引き出そうと首長に強く迫った件は、前の記事でふれた。

2022年11月末、全国一斉の卒業試験の最中、教育副大臣（中央）が視察。左側が宝山晶子理事長

そのような中、国会で看過できない出来事が起きた。

外務省は2022年11月4日、アフリカ・モザンビークで「世界平和女性連合」が運営する「モザンビークの太陽中学・高校」の宝山晶子理事長に2019年に授与した外務大臣表彰を取り消した、と発表した。

これは、日本共産党の穀田恵二衆議院議員が同10月26日の衆院外務委員会で取り上げ、同団体の創設者が、家庭連合の創始者と同一人物であることから、外務省に表彰の取り消しと徹底調査を要求したことを受けたもの。外務省は取り消し理由を、「社会的に問題が指摘されている教会の布教を強く意識した学校活動を実施していたことが確認された。表彰が教団の活動を後押ししているとの誤解を与えるため」とした。

宝山理事長は、釈明することもせず、賞状と副賞を返却したという。

果たして、宝山氏に学校理事長としてふさわしくない言動があったのだろうか。報道を詳細にチェックすると、外務省は、礼拝への参加勧誘など「布教を強く意識した学校活動」を確認したという。礼拝への参加勧誘の何が問題だというのか。キリスト教系、仏教系などの私立学校で行われている宗教的な色彩を帯びた行事は、その学校の生命線ともいえるものであり、外部が難癖をつけることなどあってはならないはずだ。

たとえ、マスコミが「社会的な問題を抱えている団体」というレッテルを一方的に貼ろうと、家庭連合は現在、れっきとした宗教法人である。また、世界平和女性連合は世界130カ国に支部を置く国連NGOであり、国連経済社会理事会との総合協議資格を有する国際的な団体だ。この資格を持つNGOは「経済社会理事会およびその補助機関のほとんどの活動に関係」(国連広報センター)し、同理事会に対して検討課題の提案もできる。総合協議資格は国連の厳しい審査を通ったNGOだけに授与される特別な資格だが、世界平和女性連合は今世紀に入り、この資格を更新し続けてきた。

同連合が掲げるミッションは、女性の自立支援や女性活躍、児童の教育、医療・保健支援などであり、現在も世界各地で１１０のプロジェクトを継続して行っている。

中でも、宝山理事長が運営する「太陽学校」は、世界平和女性連合日本支部やニューヨークの世界本部が支援しているプロジェクトであり、その成果は特筆すべきものがある。

モザンビークはポルトガルの長い植民地時代を経て１９７５年にようやく独立したものの、その直後に内戦が勃発。戦闘は実に16年に及び、死者１００万人、難民５００万人という痛ましい犠牲者を出した。内戦の余韻が残る中、１９９４年にモザンビーク入りした宝山さんをはじめとする女性連合会員は首都マプト、第２の都市ベイラで教育に関するアンケートを実施。多くの親が、わが子の教育に関心を持っていることが分かった。翌１９９５年、女性連合はベイラ市で「モザンビークの太陽中学校」を開校。藁ぶき屋根の粗末な学校だったが、誰も文句を言う人はいなかった。

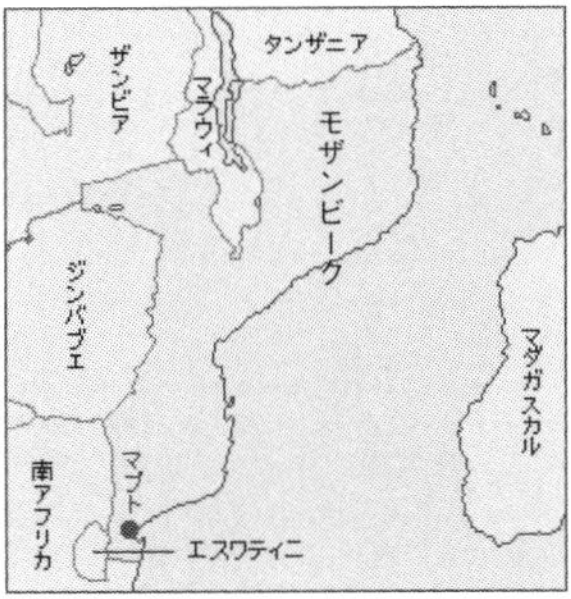

初年度44人の生徒は３年後には１８０人に増えた。生徒か

らはわずかな授業料のみ徴収し、経費の8割は日本からの支援金で賄った。モザンビークの著名な画家に描いてもらった絵をもとにデザインしたTシャツを日本で販売し、その収益で98年末に新校舎を完成。モザンビークテレビはその開所式を繰り返し放送したという。

宝山晶子理事長の愛と献身

2001年に開校した高校は、7教室を午前と午後の2交替で使用。当時、高校生向けの教科書が普及しておらず、首都マプトの書店で販売される参考書は一冊数千円も。宝山理事長は、易しいポルトガル語で書かれた参考書をブラジルから取り寄せ、それらを毎朝午前3時からコピーして生徒の教材として配布した。

やがて卒業生から、モザンビーク最難関のエドアルド・モンドラーネ大学の医学部、工学部、理学部に合格する生徒が現れた。生徒数600人余りの小さな私立校から大勢の合格者を出していると評判になり2008年、太陽学校は教育省から私立学校で最高ランクに認定されたのである。

モザンビークの国づくりに役立つ人材を育てたい――宝山理事長らはその願いを実現す

コロナ禍で、数学の卒業試験にのぞむ高校２年生（2021 年）

るために、大学生のための奨学金制度を創設した。その奨学金で海外の大学に留学した優秀な人材も出ている。彼らはまさに、モザンビークの希望であり、太陽だ。太陽学校の卒業生はすでに1万人を超えている。

２０１４年1月14日夜、ＮＨＫＢＳが、この太陽学校の特集番組を放送した。その放送の中で、宝山さんら女性連合のメンバーの語りつくせぬ犠牲で築き上げた学校が見事に紹介された。学費が安いこと、教師のレベルが高いこと、そして現在は卒業生が母国でその才能を開花させて活躍していると…。

筆者が、なにより感動したのは、テレビに映し出されたタイトルだった。

「日本が〝人材育成〟で支援」

日本のNGOとか、日本の民間団体などという形容ではなく、「日本が支援している」とNHKは紹介したのだ。現地で取材した記者のそれが偽らざる思いであったのであろう。実は、モザンビークの女性連合は学校経営のほかにも現地の人たちを支援している。

2008年から開始した「アイキャンプ」は、日本人眼科医一行がモザンビーク入りして、白内障手術を行うプロジェクトだ。一行は数日かけて、100人から200人の患者を手術する。3、4名の眼科医のほか看護師、視能訓練士、青年海外協力隊員らが同行。現地のモザンビーク人眼科研修医のほか、隣国ザンビアからザンビア人眼科医が参加することもあるという。

人口3000万人のモザンビーク国内に眼科医がわずか20人程度。そのため、適切な眼科治療を全く受けられずにきた患者が圧倒的に多い。

中には、生後まもなく両目が白内障にかかり、不自由な生活を余儀なくされた少年少女が、日本人医師の手術を受けた翌日には一人で歩けるようになり、じきに学校に通い始めたケースもある。医師やスタッフはそのような場面を目撃し、「はるばるここまで来たかいがあった」と喜びを口にしている。

モザンビーク女性連合は、このプロジェクトのコーディネーターの役割を担っている。白内障手術はその人の生活に光を与え、学校教育はその人の人生に光を与えるものだ。本人だけでなく、その家族の喜びそのものだ。いずれも、日本人がモザンビークにもたらした無償の愛の結実と言えよう。世界平和女性連合は現在も、世界の各地でこうした活動を黙々と実践している。

だが、その背後で宝山理事長が甘受した犠牲は決して小さくはない。

これまで、彼女の自宅を強盗が4回襲った。うち2回は6人以上の強盗団だったという。「手足を縛られ、さるぐつわをかまされ、顔面を何度もなぐられました。ピストル強盗も2回。いまこうして生きているのが不思議なほどです」と宝山理事長は振り返っている。

1994年10月、夫に世話を頼んで日本に残してきた7歳の長女が事故に遭い、危篤に。急ぎ帰国し、再会した長女はすでに意識がなかった。亡くなるまでの6カ月間、宝山理事長は夫と交代で看護した。

「もう、モザンビークを引き上げて帰国するしかない」。病床の娘の姿を前に、そう心に決めた宝山理事長だったが、亡くなる数日前、長女が夢に現れ、「お母さん、私は大丈夫。

アフリカで頑張って」と励まされたという。その長女の思いを胸に抱いてモザンビークに戻り、今日に至る――。

賞状や副賞の品物の返還を求めたモザンビークの日本大使は、そのような犠牲と献身をささげてきた宝山理事長に、「今後、大使館と連絡することも控えてほしい」と告げたという。治安の悪さ、劣悪な衛生環境、政情不安など海外で暮らす日本人が抱えるリスクは日本国内に住む者には容易に想像できない。万全な警備に守られて安全地帯に住む大使が、全く無防備ともいえる一民間人に対して、大使館を頼らないでくれ、と通告したのだ。海外で懸命に生きる――しかも、現地の若者の教育に多大なる貢献をして、彼らの心に日本という国名を誇りと憧れでもって刻むという尊い仕事をしている人を、日本政府、外務省は差別し切り捨てるというのか。

日本の国会の場で宝山理事長を非難し、攻め立てる国会議員がいることも情けない。が、そんな議員の口車に乗ってアフリカの地で弱いものをいじめる外務省の幹部。「美しい日本」は、どこにあるというのか。

第三章　家庭連合信者議員が激白！

〈対談〉家庭連合報道はメディアによる集団リンチ

美馬秀夫　自民党徳島市議団副会長 vs 小野潤三「いわき市議会正論の会」会長

司会　鴨野守

美馬秀夫（みま・ひでお）
1949年、徳島市生まれ。慶應義塾大学商学部、法学部卒業。95年に無所属で初当選。2006年、徳島市議会副議長。15年以降は自民公認で当選、7期目のベテラン。徳島県ボート協会会長、日本会議徳島県本部副会長、椎宮八幡神社総代。

小野潤三（おの・じゅんぞう）
1965年、いわき市生まれ。慶應義塾大学経済学部を卒業。いわき青年会議所などでまちづくり活動などを行い、地域のまちづくり団体事務局長などを経て2012年、いわき市議選初当選。現在3期目。2022年10月、「いわき市議会正論の会」設立。

悪意に満ちた朝日の報道

鴨野　安倍元総理が7月8日、凶弾に斃《たお》れて以降、家庭連合と政治家との関係が大きくクローズアップされ、岸田首相は、自民党国会議員に対して「団体との関係を切れ」と発言しました。
本日は、家庭連合信者であり、地方議員をされている美馬秀夫徳島市議会議員（73）と小野潤三いわき市議会議員（58）にお出でいただき、忌憚のない胸のうちを語ってもらいます。まず、報道による影響から。
美馬　9月29日、報道の急先鋒である読売テレビの「情報ライブ　ミヤネ屋」に出演しました。一政治家として、日韓トンネル建設を通じて、日本と隣国・韓国の友好親善を図ることは意義があると思うと明言しました。家庭教育支援条例も、いまの孤立する若いお母さんたちのために必要だ、と。
コメンテーターの橋本五郎さんが「政治家として特に問題はない」と指摘したものですから、司会の宮根誠司氏からも鈴木エイト氏からも、特に厳しい批判の言葉はなかったですね。もしかしたら、この日、家庭連合が名誉毀損で弁護士とテレビ局を訴えたので、少し慎重だったかもしれません（笑）。
一方、悪意を感じたのは、9月20日付朝日新聞です。私の発言を歪曲し、「使命は教団の願いをかなえること」と主見出しをつけました。いかにも私が議員をしているのは教会のためだ、という印象操作です。「使命は『世界平和』をかなえること」としたら、教団の宣伝になるとでも思ったのでしょうか。
小野　周りから、「美馬さん、統一教会の信者ですか。信者を辞めないのですか」という声はありましたか。
美馬　私はもう6期目（2023年の選挙で再選され、現在7期目）です。世間はみな、私が統一教会員と知って応援していると理解しています。今回、地元新聞のアンケートに、「私は家庭連合の会員です」と答えました。特に嫌がらせなどはありません。
小野　私は地元の折込み紙が私と教会との関係を書き、新聞に3回折り込まれました。私のコメントをそのまま全部載せてくれたのはよいのですが、私が信者だと知らせるのが目的だと思っています。多くの市民が、私の信仰を知ることになりました。

反教団の犯罪こそ問題

鴨野　周囲の反応はどうでしたか。

小野　非難されるのを覚悟していましたが、直接言ってくる人はおらず、「大丈夫か」「応援している」という声が多く、意外でした。

7月と9月に後援会幹部との相談の場を持ちました。「我々がお前に期待しているのは市議会議員としての力だ。教会は関係ない。議員の仕事をちゃんとやれ」と激励されました。どちらも、所属している団体ではなく私という人間を信頼して支援してくれている、と感謝しました。

しかし、私が所属していた最大会派「志帥会《しすいかい》」（二階派とは無関係）は10月5日に退会し、一人会派「正論の会」を設立しました。私と一緒に活動するのは難しいという議員もいたからです。それはそれで致し方ありません。自民党本部の方針が影響していると感じます。

信仰は個人の内面の問題です。一方、家庭連合は反社会的団体との批判があります。過去、社会問題を起こしたと言われていることは事実で、それは改善すべきですが、「かかわること自体が悪」は言い過ぎです。客観的な裏付けもなく、自民党本部が方針を出したのは納得していません。

私が政治家として働いているのは、別に教会のためではありません。教会には「他の為に生きる」という教えがあります。議員活動に教会の影響があるとすれば、その点だけ。「議員として地域社会のために何ができるか」がすべてです。信者であるだけで非難されるのは、全く腑に落ちません。

美馬　全く同感です。私は慶應の商学部と法学部を出て、１９９５年、46歳のとき、無所属で市議会議員に初当選しました。

私自身は、徳島市民であると同時に日本国民、世界人の一人でもある。そういうかかわりを感じつつ、地域生活のなかで平和と幸福を感じる生活を送ってもらいたい。地元の皆様にはそういうことをお伝えしながら、徳島を良くしていくことが議員になる動機の一つでした。

今回、自民党が「団体と手を切れ」との方針を出しましたが、一体、家庭連合のどこが悪いのでしょうか。記者に訊いても、はっきりしない。

全国霊感商法対策弁護士連絡会（以下、全国弁連）は針小棒大な数字を出していますが、現在「被害」と呼ばれるものは極端に少なくなっています。批判の根拠は不明確です。

これだけの騒ぎになりながらも、「全国統一協会被害者家族の会」が抗議の記者会見をしたという報道には触れていません。

『月刊Ｈａｎａｄａ』２０２２年12月号で、ルポライターの福田ますみさんが書かれた家庭連合信者に対する拉致《らち》監禁の記事がありました。私も30歳のとき、87日間、精神科病院に監禁されました。教団に反対している側の犯罪こそ問題です。

まるで犯罪者扱い

小野　私はワイドショーなどを信頼していないのであまり見ませんが、一方的な論調がほとんどではないでしょうか。『月刊Ｈａｎａｄａ』など一部の保守系オピニオン誌やネットでは、いまのメディア報道を鋭く批判するものもありますが、全体としては極めて少数です。
9月9日の「ＢＳフジＬＩＶＥプライムニュース」で、高井康行弁護士（元東京地検特捜部検事）がこう発言されました。

「日本はいつの間に、全体主義国家になったんだ。……自由主義とか民主主義は、異端の存在を認めるか認めないかなんですよ。……統一教会の人たちは政治から排除しろ、と。(しかし)彼らも有権者であり、基本的人権を持っているわけですよ。政治家に意見を言い、政治家の意見を聞く権利を持っているはずなんですよ。それを全部排除しろと。これが民主主義国家のやることですか」

実に良識的な正論です。

参政権と請願権は、世界人権宣言や自由権規約などの国際的規約と、日本国憲法によって保障された人権です。国民の代表である議員が特定団体と一切の関係を持たないと宣言することは、この権利の侵害であり、民主主義の危機ではないでしょうか。

家庭連合や関係者を犯罪者扱いするような報道のため、家庭連合の発表では全国で3万件以上の被害事例が出たと聞きました。教会の玄関などに「カルト、死ね」という落書きをされたり、信者が暴言を浴びせられたり、青年が学校に行きたくない、職場に居づらくなったと……。ついには、若い女性の自殺未遂まで起きた。これは、メディアによる集団リンチではないでしょうか。

鴨野　自民党神奈川県連は２０２２年10月15日、来春の統一地方選の公認・推薦候補者に対し、「家庭連合との関係を持たない」とする〝誓約書〟を求める方針を決め、署名できない場合は公認・推薦の取り消しを含めて検討するとのことです。
美馬　私は２０２３年春に選挙です。過去、6勝3敗です。これまでは自民党公認で戦ってきましたが、信仰ゆえに公認は難しいと言われたら、どう戦うか。支援者と結束して、公認が取れなくても出馬する決意です。
私自身は保守政治家として自民党の政策を支持し、憲法改正も訴えてきました。こうした私を宗教のゆえに切るのが自民党なのでしょうか。
小野　信者議員として一番分からないのは、「関係を持たない」とはどういうことかということです。「信仰を捨てろ」というのも、信仰のゆえに公認しないのも、明白な憲法違反です。最近、地方組織にも方針が示され始めていますが、意味するところは不明確です。
内閣支持率のために、国が非民主的な判断をしていいのか。問われているのは、民主主義そのものです。
※この対談の後、小野氏は自民党福島県連に対し、「私は旧統一教会の信徒です。旧統一教会と

の関係を遮断するということは、信徒であることをやめよということでしょうか。また、信徒である以上は、団体の会合・行事に参加することは信仰の発露であり、それを行うなということは信仰を制約するということに他なりません。これは、日本国憲法で保障された信教の自由を侵害することになるのではないでしょうか」との質問状を出しました。県連からの回答は、「もちろん、信教の自由は守られる。旧統一教会から政治的支援を受けることは不可。だが、個々の信徒から選挙の支援を受けることは妨げられない。また、旧統一教会の考えに則った政治活動は不可。だが、その考えが本人の考えであるというのならば問題はない」というものでした。事実上、家庭連合の信仰を持つこと、家庭連合信者から政治的な支援を受けること、家庭連合と同じ考えで政治活動を行うことを自民党として容認したことになります。「関係を断て」との党本部の方針が、如何に憲法上疑義のあることかを示した形です。

私は3期目です。東日本大震災からの復興に向けた産業政策、不透明な時代を生き抜いてゆける人材を育てる教育政策、人口減少下で自治体財政の負担になる公共施設のマネジメントなどを訴えてきました。
市役所のガバナンスがしっかりしないと自治体運営などできませんので、しっかりしたトップマネジメントができるリーダーが必要だという思いで、2021年は市長選をど真ん中で戦い、いい市長が誕生しました。

新市長はいま、役所に「構造改革推進本部」を立ち上げ、自治体として生き残りを懸けた戦いに突入しています。議会も主導権争いをしている場合ではなく、改革の方向性を見出していかなければなりません。

教会とかかわってきた自民党県議はたくさんいます。彼らは勝共連合がどれほど自民党のために尽力してきたか、身に染みて分かっています。党内には「小野を除名しろ」との声もあるようですが、議員の身分にかかわる問題なのに論拠は不明確で、「悪い団体に決まっているから排除」と聞こえます。しかし、良識のある議員は「きちんとしたエビデンス（根拠）に基づいて判断すべきだ」と言ってくれています。

自民党国会議員の方々は「知らずに付き合ってきた」と言われますが、本当でしょうか。私は、理念や政策への共感のうえでお付き合いいただいてきたと思っています。

反社会的どころか愛国的

鴨野　あるテレビで、毎日新聞の論説委員が国会議員の秘書の発言を紹介していました。

「勝共連合はそれほど集票力はないけど、戦闘力がすごい」と。熱心さ、集中力は半端じゃないということですね。

美馬　家庭連合とその友好団体が「反社会的団体」とか、「反日団体」との批判がありますが、全くの事実誤認です。文藝評論家の小川榮太郎氏や、田中英道東北大学名誉教授などが、「国際勝共連合は戦後の日本の共産化を防ぐべく身を挺して取り組んだ。それに、当時の心ある知識人、文化人も参加した」と明言しています。その点で、国際勝共連合が反共という共通の価値観において、岸信介元首相らと行動をともにしたのは、必然だったともいえましょう。

日本国内で共産主義勢力が退潮したあとは国際共産主義の問題に向き合い、スパイ防止法制定運動を全国的に展開しました。現役の陸上自衛官がかかわった宮永スパイ事件や、社会党の幹部がかかわったレフチェンコ事件からも分かるように、日本は「スパイ天国」でした。

スパイ防止法案は、１９８５年に一度自民党から衆議院に議員立法として提出されましたが、ほとんど審議されず廃案に。１９８６年に再び提出を目指しますが、左翼メディアの猛反対と内部分裂で、提出を断念。これが成立していれば、北朝鮮による拉致被害ももっと防げていたでしょう。こうした運動は、反日、反社会的どころか、非常に愛国的です。

小野　教団は、日本の皇室に対して崇敬《すうけい》の念を持っていますし、日本の歴史や伝統を守れと主張もしています。韓国の左翼政権の理不尽な反日政策には異を唱えてきました。世界における日韓両国の役割は重視していますが、反日という見方はまったく当たりません。

美馬　日本の経済発展には、アジアの成長のダイナミズムを取り込むことが肝要で、そのためには東アジアとの円滑な関係が欠かせません。

文鮮明《ムンソンミョン》師が1991年に訪朝し、金日成《キムイルソン》主席と会見したことをもって、北朝鮮とかかわっている問題の団体だとの批判も見受けられます。しかしこのとき、文師は北朝鮮の国会議事堂で「主体《チュチェ》思想は誤りで、この思想で南北統一などできない」と演説し、側近は「生きて帰れないと思った」と証言しています。

共産主義陣営は敵ではなく、解放すべき対象というのが我々の思いです。ソ連崩壊も同じ文脈です。

教団が海外で生まれたものであり、北朝鮮と交流しているから怪しいという言論も散見しますが、全くの的外れです。海外の宗教が危険というのであれば、キリスト教もイスラム教も儒教も、仏教だって海外発祥ではないですか。

自民党と保守陣営が分断

小野　今回の騒動は、共産主義と反共産主義の何十年にもわたる戦いの文脈で理解する必要があると思います。全国弁連も、マスコミに出てくる弁護士やジャーナリストも30年前と同じ顔触れ。30年前に教会を壊滅させようとしたが、できなかった。今回こそ息の根を止めようとの意図を感じます。

彼らにすれば、「少し問題はあるが存在は許される」団体では困る。100％否定されなければならないのです。それはもう被害者の救済のためではなく、イデオロギー的な信念でやっているとしか考えられません。その文脈で見ていかないと、自民党と保守陣営が分断されるだけのことです。それは誰を利するのか。

戦後、世界の最も大きな問題は国際共産主義だった。レーガン大統領は、「ソ連を崩壊させたのは（統一教会系の米紙）ワシントン・タイムズだ」と語りました。世界的に大きな役割を果たしてきたのです。

そうした全体像がまったく語られず、私利私欲のために集金しているかのような書き方は事実に反します。

美馬　30年前、大騒ぎしたのはメディアと左翼弁護士でした。今回は自民党も加わり、9月の地方議会では共産党が全国各地で質問し、追及を始めた。そして、10月3日からの臨時国会。

1978年4月の京都府知事選で負けた宮本顕治《けんじ》共産党委員長は、6月に「国際勝共連合と統一教会を退治しよう」と力説し、次のように報じられています。

「（宮本委員長は）自民党に対しては〝勝共連合と一緒にやれば反撃をくって損だ〟という状況をつくることが重要だとし、〝勝共連合退治〟の先頭に立つことは、後世の歴史に記録される『聖なる戦い』であると呼びかけました」（「赤旗」1978年6月8日付）

まさに現状は、宮本委員長の狙いどおりになっています。共産主義と対峙《たいじ》してきた一人として、このまま黙って終わるわけにはいきません。

（2022年10月に行った対談に一部修正加筆）

第四章　家庭連合反対派弁護士、牧師たちの欺瞞性

近藤徳茂

第一節　拉致監禁、脱会強要による「被害者」捏造

近藤徳茂（こんどう・のりしげ）
１９６０年東京生まれ。１９８５年早稲田大学法学部を卒業し、同年世界基督教統一神霊協会に入会。１９９８年本部総務局法務部職員として裁判問題を担当。その後、２０１６年法務局長。２０１７年総務局長などを歴任して、現在は法務局副局長。

異常な人権侵害「拉致監禁・脱会強要」

家庭連合信者は過去に、「拉致監禁・脱会強要」という異常な人権侵害の被害を受けてきた。これは、マスコミの反家庭連合報道等によって不安に駆り立てられた親族らが、家庭連合の信者となった家族を脱会させるため、反対牧師や脱会屋ら〝脱会専門業者〟らの指導を受けて行う強制的脱会説得の手法である。親族らは先ず、脱会専門業者らが主宰する勉強会に数カ月から数年に亘って通わせられ、指導を受ける。勉強会では親族らは、「家庭連合信者はマインド・コントロールされており、保護・説得（身体拘束を伴う脱会説得）

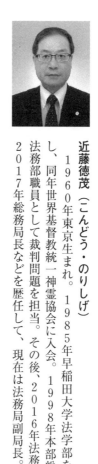

を受けなければ家庭連合から抜けることができない」と繰り返し教え込まれる。また、強制的脱会説得を受けて脱会した元信者らからは、「強引な脱会説得に最初は憤りましたが、今は家庭連合から抜けることができて親に感謝しています」などの体験談を聞かされる。

こうした話を真に受けた親族らは、やがて、脱会専門業者らの指導に１００％従うようになる。脱会説得実行の順番が巡って来ると、脱会専門業者らから紹介を受けるなどしてマンションの一室等を確保し、中から出られないような細工を施す。また、親戚中に連絡して人を大勢集め、拉致監禁に備えるのである。当日は事前に警察にも連絡し、家族の話し合いなので介入しないように求める。信者がマンション等の一室に監禁されると、完全に脱会したと脱会専門業者らが認めるまでは解放されない。しかも、外出許可が出ても、親族の同行が条件となるなど、完全な自由行動は認められない。偽装脱会（脱会したふりをすること）をしても、偽装脱会を見破るための判断基準が複数あるため、大抵は見破られる。教会の内部情報を開示することや、教会に対する献金返金請求をすることなど、信仰を維持したままではできないことが判断基準に含まれているからである。

１９６６年に日本イエス・キリスト教団「荻窪栄光教会」（東京）の森山諭牧師が家庭

連合信者を拘束して行う脱会説得の手法を最初に始めた。当時は教会敷地内の牧師館と呼ばれる建物が拘束場所として用いられた。森山牧師は1976年に自身の10年間に亘る体験を元に、脱会説得に関心のある全国の牧師らを集めてその手法を伝授した。このため、信者の身体拘束を伴う脱会説得が全国に広がった。

1978年には、日本共産党の宮本顕治委員長が共産党県・地区委員長会議で国際勝共連合・家庭連合との戦いを「聖戦」と表現し、壊滅すべきことを指示した。すると、翌1979年以降、家庭連合信者を精神科病院に違法に強制入院させて脱会説得する事件が多発するようになった。しかし、裁判所に対する人身保護請求手続等によって脱出に成功した信者らが精神科病院側を被告として民事裁判を提起し勝訴したため、その後精神科病院を利用する脱会説得はほとんど行われなくなった。代わって主流となったのは、家庭連合信者をマンション・アパートの一室に監禁して行う強制的脱会説得の手法である。この手法は、最近まで継続したが、合計12年5カ月間に亘って拉致監禁・脱会強要の被害を受けた家庭連合信者の後藤徹氏が脱会専門業者らを提訴し2015年9月に最高裁で勝訴して以降はほぼなくなった。家庭連合が把握する拉致監禁・脱会強要等の強制的脱会説得の件数は１９６０年代以来４３００件にのぼる。一方、ルポライターの米本和広氏が脱会専門業者らを取材して得た調査結果によると、被害件数は５０００名であった（『月刊現代』２００４年11月号掲載記事「『宗教監禁』の恐怖と悲劇」）。米本氏の調査結果の方が多いのは、拉致監禁が秘密裏に行われることが多く、家庭連合が把握できなかった事例もあるためである。

家庭連合を被告とする裁判件数との関係

最近の報道にもあるとおり、拉致監禁・脱会強要によって脱会した元信者は、脱会専門業者らの指示で、全国霊感商法対策弁護士連絡会（以下、「全国弁連」という）の弁護士らを代理人として立てて行う家庭連合に対する損害賠償請求へと駆り立てられてきた（『月刊Ｈａｎａｄａ』２０２２年12月号掲載記事「脱会屋の犯罪」、同２０２３年7月号掲載記事「被害者でっちあげ　全国弁連の手口」、いずれも福田ますみ氏）。札幌、新潟、東京など全国で元信者が家庭連合を提訴する「青春を返せ裁判」では、合計１８０名のうち数名を除いた殆どの原告が拉致監禁され脱会した信者であった。例えば１９８７（昭和62）

年に元信者が家庭連合を被告として提訴した最初の事件の判決（平成13年6月29日付札幌地裁判決）は、以下の通り監禁の事実を明確に認定している（378頁〜379頁）。
脱会
原告Kは、昭和61年10月3日、両親と兄弟によって、アパートに連れて行かれた。アパートには、窓に鉄格子がついており、原告Kは、自由に出入りすることができない状況の下、両親や戸田実津男の話を聞き、徐々に脱会の決意を固め、同月7日付けで、実践トレーニングの責任者である吉村宛てに「脱会届」と題する書面を送付した。同書面には、「今まで学んできた原理が真理ではないということに気付き、また、親、兄弟にも心配を掛けることを思い、脱会する決意を致しました。短い間ではありましたが支部長はじめスタッフの皆様、又兄弟姉妹と共に過ごした日々は本当に楽しく、いろいろなことを教えて頂きました。今までのことをステップとしてこれからを歩んで行きたいと思います。本当に今までありがとうございました。スタッフの方、兄弟姉妹の皆様によろしくお伝え下さい」との記載がある。
脱会者の脱会動機は様々である。長期間の監禁によって心身共に疲弊し、暴行を受け、抵抗を断念して脱会する者もいれば、監禁下で外部の情報を一切遮断され一方的な批判情報を植え付けられて脱会する者もいる。後者の場合元信者は、「真理でないものを真理として教え込まれた」と思い込まされることから、家庭連合に対して強い憎悪の念を抱くようになり、どんなことをしてでも家庭連合を壊滅しなければならないとの衝動に駆り立てられることになる。脱会専門業者らが元信者に対して家庭連合を訴えるよう仕向けた場合、前者の元信者は更なる監禁継続を恐れ、後者の元信者は家庭連合に対する憎悪から、家庭連合を提訴するようになる。そして、脱会前には自由意思によって信仰していたにもかかわらず、法廷では、「意に反して信仰させられ、献金させられた」との主張・供述を行うようになるのである。ある元信者は、家庭連合を提訴して勝訴後、他の元信者が提訴した事件の証人として裁判所で証言した際、脱会届を提出した当時は、献金の返還請求ができるとは思っていなかったので返金請求を行うという発想自体がなかったと証言した（東京地裁平成29年（ワ）第１２０４８事件・証人T尋問調書14頁）。これは、脱会時には、家庭連合から違法行為を受けたという明確な認識がなかったことを意味している。即ち、入会も献金も全て自分の自由意思で行ったことなので、損害賠償請求などできるはずがない

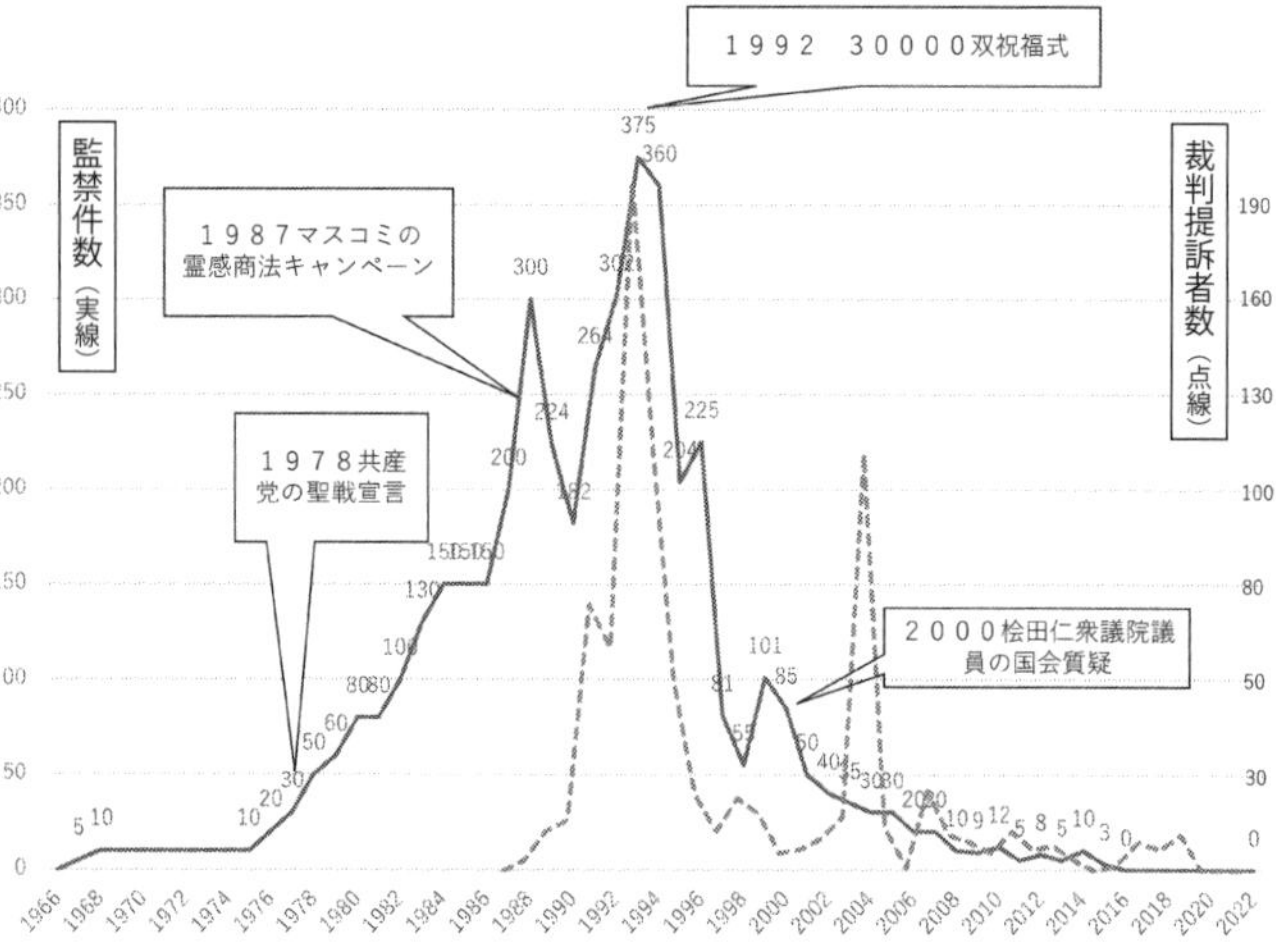

拉致監禁件数と裁判提訴者数の推移

と思っていたということである。

上記グラフは、拉致監禁の被害者数と家庭連合を被告とする裁判を提起した提訴者数とを示している。拉致監禁件数の増加と共に提訴者数も増加し、拉致監禁件数の減少と共に提訴者数も減少しており、両者はほぼ相似形をなしている。提訴者数の中で、拉致監禁・脱会強要を受けた被害者が、脱会後、家庭連合を提訴している割合が極めて多いことが分かる。拉致監禁・脱会強要によって殊更に被害者を生み出すことは、「被害者の捏造」に他ならない。

なお、前記後藤氏の勝訴によって拉致監禁がなくなって以降も、家庭連合を被告とする裁判は起きているが、これら事件の原告の殆どは婦人である。婦人信者の場合、夫から離婚をすると迫られると夫の言いなりにならざるを得ないため、言われるままに軟禁状態におかれ、脱会説得を受ける場合がある。また中には夫から殴る蹴るの暴行を受け、歩行困難となった末、脱会専門業者らによる脱会説得に応じた事例もある。厳密な意味で監禁とまでは言えなかったとしても、信者を拘束して脱会させ、元々被害を感じていなかった者に被害意識を植え付け原告に仕立て上げるものである以上、これらもまた「被害者の捏造」としか言い様がない。

拉致監禁・脱会強要を巡る裁判事例

以下においては、拉致監禁・脱会強要を理由に被害者側が加害者側に対して損害賠償を求め民事裁判を提起した主な事例について述べる。
(1)精神科病院違法入院事件
家庭連合信者の美馬秀夫氏（本書第三章参照）は、家庭連合における信仰を理由に１９７９（昭和54）年12月７日に親族らから手錠を掛けられ睡眠薬を注射されるなどして拉致され翌日より都内の精神科病院に違法に強制入院させられた。これに対して他の信者が人身保護請求を申し立てたところ、東京高裁は１９８０年３月４日付で釈放を命じる判決を下した。
美馬氏は同様の被害を受けた女性信者A及びBと共に同院に対して損害賠償請求訴訟を提起した（東京地裁昭和55年（ワ）第3384号）。この結果、1986年2月28日に、Aに対して120万円、Bに対して80万円、美馬氏に対して80万円をそれぞれ支払うよう被告に命じる判決が下された。美馬氏は信仰を堅持したまま現在、徳島市議会議員を7期目務めているが、家庭連合信者が洗脳ないしマインド・コントロールに陥っているとの全国弁連弁護士らの主張がいかに常軌を逸した誤った主張であるかが明らかである。

⑵最高裁和解事件

1997（平成9）年1月10日、家庭連合信者夫妻がレストランで夕食後駐車場に向かった際、待ち伏せていた親族によって妻が拉致され同年4月10日まで横浜及び藤沢のマンション、アパートに監禁され脱会強要を受けた。妻が監禁から解放後、夫婦は脱会専門業者ら及び親族らを被告として損害賠償請求訴訟を提起した。1審、2審とも原告側が敗訴したが、最高裁では原告夫妻と親族との間で和解が成立し、双方相手方の信仰の自由や価値観に干渉しないこと等を合意した。

(3)鳥取教会襲撃事件

１９９７年6月、元警察官及び私立探偵ら合計約20名が家庭連合の鳥取教会を襲撃し、女性信者のTを拉致し、徳島、及び大阪の合計3箇所のマンションに約1年3カ月に亘って監禁し、脱会強要する事件が起きた。脱会強要を担当した脱会専門業者はキリスト教神戸真《しん》教会の高澤守牧師であった。同牧師は、かつて脱会した元信者が家庭連合を被告として神戸地裁に提訴したいわゆる「青春を返せ裁判」で証人として証言した際、10年くらい前から家庭連合信者をマンション等に拘束するようになり２００名近くを脱会させた事実、及び包丁を用いて脱会説得を行っていた事実を証言した人物である。

女性信者Tは監禁から脱出後、高澤牧師及び親族らに対して損害賠償請求訴訟を提起した。鳥取地裁は被告らに対して55万円の損害賠償を支払うよう命じたが、広島高裁松江支部は賠償額を15万円に減額し、判決が確定した。

(4)札幌監禁事件

東京都町田市で夫と共に生活していた女性信者が２００１（平成13）年10月8日に横須賀市の兄宅を訪れたところ、路上で兄ら親族から拉致されワゴン車によって札幌に連行され、マンションの一室に監禁され脱会強要を受けた。妻と連絡がとれなくなった夫が妻の親族を相手に損害賠償請求訴訟を提起した（事件は横浜地裁横須賀支部から東京地裁に移送）。

２００2年3月26日、妻が警察によって解放されたため、妻も和解当事者として加わり裁判上の和解が成立した。和解の中で親族は妻に対する監禁説得の事実を認めて陳謝し、2度とこれを繰り返さないこと及び和解金２００万円を支払うことを約束し事件が終結した。

(5)大阪監禁事件

韓国人の夫と結婚し韓国で生活していた家庭連合信者女性が母親の見舞いのため高知の実家に里帰りしたところ、２００1年10月28日に拉致され同年12月27日まで約2カ月間に亘って大阪のマンションで監禁され前記高澤守牧師らによる脱会強要を受けた。妻が脱出後、高澤牧師及び親族らを被告として損害賠償請求訴訟を提起したところ、大阪地裁は被告らに対して20万円の損害賠償を命じ、大阪高裁が控訴を棄却したため判決が確定した。高澤牧師が脱会させた信者数が既に５００名を超えていたことが同被告の供述から明らかとなった。

⑹後藤徹12年5カ月監禁事件

１９９５年9月11日、前記後藤徹氏が西東京市の実家に帰省したところ、待ち受けていた親族らによってワゴン車に押し込められ、新潟及び東京の合計3箇所のマンションに12年5カ月間に亘って拉致監禁され脱会強要を受けた。後藤氏に対する脱会強要を行った脱会専門業者らは、日本同盟基督教団新津福音キリスト教会の松永堡智牧師及び広告代理店経営の宮村峻氏である。
解禁から解放後、後藤氏が脱会専門業者ら両名及び親族らを被告として損害賠償請求訴訟を提起したところ、東京地裁は被告らに対して総額４８３万円の損害賠償を命じ、東京高裁は賠償額を総額２２００万円に引き上げた。最高裁が原審被告らの上告を棄却したため、後藤氏の勝訴判決が確定した。また、東京地裁は被告松永に対する請求を棄却したが、東京高裁は同被告の不法行為責任を認めた。東京地裁と東京高裁とで結論に大きな開きが出た理由としては、事件が控訴審の東京高裁に係属中、国連の自由権規約委員会が日本政府に対して拉致監禁・脱会強要問題に関して後記勧告を発したことが影響したと見られる。

(7)夫婦拉致監禁事件
２０１４年7月26日、広島市在住の家庭連合信者夫婦が、２人の子供達と引き離され、大阪のマンションに拉致監禁された。この事件にも脱会専門業者として高澤守牧師が関与しており、夫婦は同年7月31日に警察によって解放されるまで脱会強要を受けた。解放後、夫婦が脱会専門業者ら及び親族らを被告として損害賠償請求訴訟を提起したところ、広島地裁は夫に対して１１６万円、妻に対して１６５万円の損害賠償の支払を被告らに命じた。控訴審の広島高裁は賠償額を減額したものの、夫に対して62万円、妻に対して１１０万円の損害賠償の支払を被告らに命じ判決が確定した。

国連が事態を憂慮し、日本に改善求める

米国務省は、国際宗教自由報告書及び国別人権実施報告書において１９９９年以降、２０１５年に至るまで、ほぼ毎年のごとく、日本における家庭連合信者に対する拉致監禁・脱会強要問題について報告してきた。
２０００年4月には、桧田仁衆議院議員（当時）がこの問題を巡り国会質疑を行った。

この結果、田中節夫警察庁長官（当時）は「全国で統一教会の信者から被害申告が出されていることは知っている。法に触れる事実があるならば、法と正義に照らして厳正に対処するつもりである」との答弁を行った。

２０１４年８月に国連の自由権規約委員会は、日本に関する報告書の中で、拉致監禁・脱会強要問題に対する憂慮を示し、日本政府に対して善処を求めた。

全国弁連の責任

後藤事件が１審の東京地裁に係属中、かつて全国弁連に所属した伊藤芳朗弁護士の供述を書面化した陳述書が原告によって裁判所に証拠提出された。当初原告は、ルポライターの米本和広氏が伊藤弁護士に対するインタビュー内容を書面化した陳述書（米本和広氏名義）を提出した。これに対して、被告宮村峻氏の代理人を務めた全国弁連の山口広弁護士らが、伊藤弁護士の供述であることを争ったため、後日伊藤弁護士自身、陳述書を複数提出し、その中で、米本氏作成陳述書の記述の正確性についても認めた。

伊藤弁護士の供述によると、同事件被告の脱会専門業者・宮村峻氏の脱会説得は、「脱会活動に名を借りた金儲けであり、実態は拉致監禁であり、棄教の強要に過ぎない」とのことである。また、山口広弁護士は宮村氏が拉致監禁説得をしていたことを知っていたとのことであり、宮村氏が行う脱会説得は違法性が色濃く行き過ぎで元信者への扱いも疑問が多いことなどを、山口広弁護士をはじめ渡邊博弁護士、飯田正鋼弁護士、紀藤正樹弁護士といった全国弁連の主力メンバーとよく話し合っていたとのことである。そして1996年4月に、宮村氏を家庭連合信者の親族に紹介しないよう伊藤弁護士が山口弁護士ら全国弁連の中心的な弁護士らに呼びかけるまで、山口弁護士らは宮村氏との関わりを持ち続けたとのことであった。

当の山口弁護士自身は、元信者が家庭連合を提訴した別件裁判で証人として証言した際、宮村氏の活動について「脱会活動に名を借りた金儲けであり、実態は拉致監禁であり、棄教の強要に過ぎない」との前記伊藤弁護士のような認識は持っていないと証言しつつも、「(全国弁連で)協議した結果、基本的に日本基督教団の相談窓口に紹介するということで、決めた事実はあります。ですから、牧師の資格を持っていない宮村さんに、全国弁連から紹介するというのは、これはやめた方が良いだろうという議論はありました」と証言し、それまで全国弁連が信者の親族に対して宮村氏を紹介していた事実を認めた。拉致監禁・脱会強要への関与が後日裁判で認定された宮村氏のような人物を全国弁連の弁護士らが信者の親族に紹介していたというのはそれ自体が人権侵害への加担に他ならず、人権擁護を使命とする弁護士の職責に違反していると言わざるを得ない。

１９９６年5月、及び7月には、全国弁連の関西の弁護士らが証人申請した高澤守牧師が前述のとおり神戸地裁で自身の行っていた脱会説得に関して証言し、家庭連合信者に対する長期拘束の事実や、高層階に監禁された信者がベランダから脱出を図って落下し瀕死の重傷を負った事実、拘束された信者らに対して同牧師が包丁を見せて脱会を迫っていた事実、それまでに２００名ほどの信者を拘束して脱会説得を行った事実、全国の牧師らが10年前から家庭連合信者を拘束して脱会説得するようになった事実、及び同牧師や宮村氏が全国弁連の会議に参加していた事実を証言した。

また、全国弁連が宮村氏の代わりに紹介するようにしたという日本基督教団においても、例えば１９９６年7月に家庭連合を被告とする裁判で証言した同教団の清水与志雄牧師は、家庭連合信者と話をする際、窓に鍵をかける、靴を隠す、ずっと見張るなどすることもあるが違法と思わない旨証言している。そして、前記『月刊現代』2004年11月号掲載の米本氏の記事には、清水牧師ら同教団牧師が行う拉致監禁・脱会強要の結果、脱会した信者が、強引な脱会説得のために重度のPTSD（心的外傷後ストレス障害）を患った複数の事例が紹介された。こうして2007年10月19日に全国弁連が全国集会を開いた際には、同教団の杉本誠牧師が講演の中で、同教団牧師らが約20年間行ってきた「脱会カウンセリング」によって脱会した家庭連合信者の中に「心に傷を受けていく人」がいる事実を認め、以後、日本基督教団の牧師らにおいても、信者を隔離して行う脱会説得の手法を控えるようになった。

全国弁連所属の弁護士らが1996年の段階で家庭連合信者を監禁ないし隔離して行う脱会説得を止めさせていれば、その後の悲劇は防げたはずである。即ち、1995年9月から12年5カ月に亘って監禁された後藤氏は監禁から解放されていた可能性があり、前記鳥取教会襲撃事件や、夫婦・親子を引き裂いて行われた札幌監禁事件、大阪監禁事件、及び夫婦拉致監禁事件などは、そもそも起きなかったと言えるのである。また、高澤牧師による被害件数も200件を越え500件に至ることはなかったはずである。

第二節　数々の不当請求、不当訴訟

ゆがめられた最初の判決

１９９６（平成８）年５月に家庭連合が献金裁判で敗訴した最初の判決が福岡地裁で下された（平成２年（ワ）第１０８２号事件）。当時のことを知る者達によれば、同事件の原告の１人である原告Ｎは、夫を亡くした後、家庭連合の教義を学んで感銘を受け、統一運動の発展に貢献するために献金した。ところが同原告は、親族等から「信仰を辞めないなら一人娘は自分達が引き取って育てる」と迫られて信仰を断念し、遂には家庭連合を被告として損害賠償請求訴訟を提起するに至った。そして法廷で同原告は、「献金しなければ霊界にいる亡夫が地獄で苦しむと言われて献金した」との主張・供述を行い、福岡地裁は同原告の供述と請求を認めた。真の事実経緯を知っている家庭連合の立場からすれば、同原告の主張・供述はあからさまな虚偽主張・虚偽供述に他ならず、判決は不当判決であった。しかし、最近の報道にもあるように、同事件以降、他の事件でも原告らは同様の手法を踏襲し、その結果、全国の裁判所が同様の判決を繰り返したのである。（前記『月刊Ｈａｎａｄａ』２０２３年７月号掲載記事）

虚偽主張・虚偽供述の顕著な事例

以下においては、家庭連合を被告とする献金裁判における原告側の主張・供述の虚偽性が顕著な事例を紹介する。

(1)名古屋献金事件

元家庭連合信者のM婦人が家庭連合に対する献金を理由に名古屋地裁に提訴した損害賠償請求事件で、2003(平成15)年2月28日に名古屋地裁は原告の請求を棄却し、名古屋高裁及び最高裁も原審の判断を維持したため、家庭連合側の勝訴が確定した。

同事件原告は訴状で、家庭連合信者らの根拠のない因縁話等の強迫により献金させられた旨主張していた。また、原告側が証拠提出した同原告名義の陳述書には、「色情因縁、殺傷因縁、水子の因縁」といった因縁の話をされ「恐怖感を植え付けられた」ために大金を献金した旨記され、家庭連合が行っているとするマインド・コントロールの恐怖について記されていた。

ところが、事件係属中に原告がたまたま共同被告の関係者のもとを訪れた際、裁判のことが話題となり、原告が主体的に献金等をした事実、及び訴状で主張する「恐怖感」が実際には存在しなかった事実を原告が認めた。同発言の録音データが証拠提出されたこともあり、原告は反対尋問で「恐怖感」、「マインド・コントロール」についていずれも否定し、「色情因縁、殺傷因縁、水子の因縁」に関する陳述書の記載についても、実際には記憶にない旨認め、更には原告名義の陳述書についても、自分が書いたものではない旨供述するに至った。こうして、虚偽主張・虚偽供述であった事実が明らかとなったのである。

(2)東京違法伝道訴訟

2002（平成14）年8月21日に東京地裁で判決が下されたいわゆる「違法伝道訴訟」事件で（平成11年（ワ）第18400号）、原告3名のうちの1人であるTWは、家庭連合に1000万円を献金した理由について、陳述書で6頁に亘って詳述した。同陳述書によると、かつて日本が朝鮮を植民地支配していた時代に同原告の叔父が朝鮮警察に勤務していたことがあり、そのことを同原告が家庭連合信者のZに話したところ、Zは同原告の家系が「取り返しのつかない罪を犯した」などと激しく攻め、親戚の子供の病気もその叔父が朝鮮人を拷問したことが原因だとたたみかけ、「あなたの先祖は罪の清算をしてくれるように望んでいる」などと迫り、全てのお金を献金しなければ霊界に行ったとき先祖から責められ、ぼこぼこと殴られる、などと脅したとされ、このため原告は1991（平成3）年6月27日に献金したとのことであった。

ところが、実際には、同原告の叔父が朝鮮警察で勤務していた事実を同原告が知ったのは、献金を行った後、佐賀に帰省していた際のことであった。そのことが、同月30日付で同原告が佐賀から送った葉書の記載から明らかとなった。即ち、献金の話題が出た時点で同原告の叔父が朝鮮警察に勤務していたことを原告がZに話すことなどあり得ず、Zがこのことを元に原告に献金を迫ったというのは、実際にはあり得ないことだったのである。家庭連合側からの反対尋問で同原告は遂に、Zが同原告に話した内容について、実際には「記憶にない」ことを認めるに至った。即ち、献金経緯に関する6頁に亘る陳述書の記載は、全く事実無根であったことが明らかとなったのである。

しかし、同事件の判決は、原告の供述の虚偽性がこれほどまでに明らかとなったにもかかわらず、なお、霊界の先祖が同原告に罪の清算をすることを欲しているとZが同原告に述べたなどと認定し、Zの行為が不法行為に該当すると認定した。しかるに、一体何を「罪」として献金を迫ったというのか、朝鮮警察の話が虚構である以上、全く意味不明としか言いようがない。ちなみに、原告らの合同結婚式参加に向けた家庭連合信者らの行為を違法と認定したのもこの同じ判決である。

当時の判決には、こうした「結論先にありき」的なところがあり、先に(1)で述べた「名古屋献金事件」におけるように、原告自身が主張の虚偽性を法廷で認めない限り、原告の主張・供述がいかに虚構であってもそのまま認定され、家庭連合側が敗訴する結果となった。即ち、家庭連合の壊滅をもくろむ左翼陣営にとって極めて好都合なシステムとなっていたのである。こうして積み重ねられた判決によって、全国弁連は家庭連合の解散を求め、全国弁連の情報をたれ流すマスコミの扇動に狼狽した政府が質問権行使や新法制定にまで動いてしまったのであるから、極めて異常な事態であると言わざるをえない。

のみならず、安倍晋三元首相の事件以降、家庭連合ないし国際勝共連合と関わりのあった大臣は辞任を迫られ、国の安全と伝統を重視する保守系議員は影響力を削がれ、重大な局面を迎えている東アジアの安全保障問題の議論等は後回しにされるという、大多数の国民が全く願わざる状況に陥っているのである。家庭連合裁判で原告側の虚偽主張・虚偽供述を安易に認めてきた司法の責任は極めて重大であると言わざるを得ない。

⑶証拠画像改竄疑惑

元家庭連合信者のEは、脱会後の２００７年2月27日、献金を理由に家庭連合に対して損害賠償請求訴訟を福岡地裁に提訴した（平成19年（ワ）大５７６号）。一審の福岡地裁が原告の大半の請求を棄却したことから原告と被告双方が福岡高等裁判所に控訴した（福岡高裁平成23年（ネ）３８２号）。すると、控訴審で控訴人Eの代理人を務めた全国弁連の大神周一、平田広志、西岡理恵の3名の弁護士は、２０００年10月14日に「聖本摂理と日本の歴史」と題して家庭連合信者のIが九州で行った講演に家庭連合の当時の代表役員大塚克己氏が映った写真を証拠提出した。

ところが、家庭連合が調査したところ、講演会当日大塚氏は海外にいたことが判明した。のみならず、前記写真は、同年7月24日に大塚氏が参加した大会映像を元に合成して作られたものであるとの分析結果が出た。そこで家庭連合が、証拠の捏造等を理由に大神弁護士ら3名の弁護士を対象弁護士とし、福岡県弁護士会に懲戒請求を申し立てた。ところが、対象弁護士らは、Iの講演ビデオの冒頭に大塚氏が参加した大会映像が映ったビデオを証拠提出し、この映像を撮影したため、たまたま大塚氏とIの講演会が二重写しになったと弁明した。家庭連合は、同ビデオ自体が捏造されたものであること、両講演会場は全く異なり、同一の講演会であると見誤ることはあり得ないこと、二重写ししても前記証拠写真は撮影できないこと、仮にそのような写真が偶然撮影できたとしても、これを証拠提出すること自体が重過失に当たることを主張して反論した。

しかし、福岡県弁護士会は、ここまでのリスクを冒して証拠を捏造する動機はなかったはずであるなどの理由により懲戒請求を認めなかった。

裁判では他にも、不可解な証拠が提出されたため、家庭連合側は異論を述べたが、結局福岡高裁は家庭連合側の主張を意に介さず、地裁判決を変更して原告の請求を大幅に認めた。地裁判決を変更するという重大な動機があった以上、「ここまでのリスクを冒して証拠を捏造する動機」が弁護士らにはあったと言えるはずである。弁護士会は弁護士らに対して身びいきな判断をしたと言わざるを得ない。また、事実と全く異なる画像を証拠提出する側をどこまでも勝訴させようとする高等裁判所の判断に対しても大いに疑問が残る。

(4)浦和献金事件

元家庭連合信者のSが家庭連合に献金したことを理由に、家庭連合及び信者らを被告として東京地裁に提訴した損害賠償請求事件で東京地裁は、2021(令和3)年3月1日、請求の一部について訴えを却下し、残部について請求を全面的に棄却し、家庭連合側が全面勝訴した。

同事件原告は訴状において、家庭連合の信者が先祖因縁を用いた脅しにより畏怖した原告に2100万円を献金させたと主張した。また、原告の陳述書において原告は、殺傷因縁、色情因縁を説かれ、因縁を祓《はら》わないと毎晩枕元に先祖が現れて責められるなどと言われて恐れ、献金しなければ病気や事故などの不幸が起こると思って2100万円を支払わされたと述べていた。しかし、同原告が2006(平成18)年1月13日付で、同原告の世話をしていた家庭連合の信者に宛てて書いた手紙には以下の記載があった。

M子さんとめぐり会えてからの1年間は本当に心が安定し、幸せ感を味わっております。

私のつまらないお話をいつもニコニコ笑顔で聴いてくださりありがとうございまし

た。何もかもはだかで話せることの喜びを体験できましたことは本当によかったです。この世の中で恨みや苦しみをかかえて生きていたらきっと病気になっていたと思います。今の気持ちは重荷を少しずつおろしていくような心地で快いです。「今に、わかりますから…」というM子さんの言葉に誘導されつつ、1つずつわかってきました。

誰もがもつ悩みをこのような形で解決するなど想像もしておりませんでした。神を信じるということはこれほどまでに心が解放されるなど信じてみなければわからないことでした。今にわかりますという言葉は「あなた自身にあることですよ」「あなたが感じることですよ」という思いの世界である信仰の世界を教えていただき本当によかったと思っています。

こうした証拠の積み重ねにより、原告の主張・供述の虚偽性が明らかとなったのであった。

なお、同事件で原告は、原告の手書きメモが書き込まれたノートや金融機関の通帳等の証拠を複数提出した。これらメモにつき原告は陳述書では、「基本的にその都度記入した」と述べ、献金等を行った当時に書き込んだメモであるとの趣旨を供述した。しかし、家庭連合がこれらを分析した結果、これら手書きメモが当時書き込まれたものではなく、最近になって裁判を有利に進めるために書き込まれたものであることが判明し、家庭連合はその論証に努めた。

この結果判決は、「本件ノートの記載については、原告自身、後に加筆した部分があることを（尋問で）認めており、原告が被告らへの返還請求を考えるようになった後に自己の都合が良いように書き加えた可能性が否定できず、これを直ちに信用することもできない」、「カードの履歴に記載された手書きの記載についても…原告が被告らへの返還請求を考えるようになった後に記載したものであることが明らかであって、その正確性には疑問があり、直ちに信用できるものとはいえない」と認定するなど、同事件原告の手書きメモの信用性の欠如を繰り返し認定した。

裁判に不慣れな原告が自らこうした改竄を行ったとは考え難く、代理人弁護士らの指導に基づきこうした改竄が行われた可能性は否定できない。

なお、同事件では、原告が家庭連合の現役の信者であった頃、夫からの信仰に対する反対及び献金返還の強要を恐れ、自身が自由意思で献金等を行った事実を念書に記し、公証役場で署名する手続（私署証書の認証）を行っていたことも家庭連合が勝訴した大きな要因となった。ところが、裁判で同事件原告は、この念書の効力を否定するため様々な虚偽主張・虚偽供述を積み重ねた。

例えば、原告は陳述書で、２００7年4月、夫が癌の手術に成功して退院した翌週に被告信者から手術の成功のことを引き合いに出されて念書作成を迫られたと供述していた。ところが、実際には夫が癌の告知を受けたのは２００9年3月3日であり念書作成の約2年後であったことが明らかとなった。にも関わらず、癌の手術が成功したことを引き合いに出されて念書作成を迫られたというのはどういうことか。

なお、念書作成経緯に関する原告Sの供述の矛盾は夫の手術の件だけに止まらない。判決も、同原告の供述の矛盾を複数詳細に列挙した上で、「念書作成に関する原告の供述は、それ自体、相矛盾する点を多く含むため信用できない」旨結論づけている。

(5)長野献金事件

家庭連合信者であったTとその後見人でTの長女Hは、Tの家庭連合に対する献金を理由に家庭連合及び信者らを被告として東京地裁に損害賠償請求訴訟を提起した。これに対して東京地裁は２０２１年５月14日、家庭連合に対する訴えを全面的に却下し、また被告信者らに対する請求を全面的に棄却した。２０２２年７月７日には控訴審の東京高裁でも原審判断が維持され家庭連合及び被告信者らが全面勝訴した。既に最高裁への上告も却下されており、２０２３年５月時点では、上告受理申立事件について最高裁の判断を待っているところである。

本件事案の概要は以下のとおりである。

原告Ｔは三女からの誘いで家庭連合の教義を勉強し、創始者文鮮明師が世界平和実現のために貢献してきたことを学び、自身も同じような生き方をしたいと欲し、家庭連合に献金した。ところが、２０１５年８月に帰省した原告Ｈ（長女）が母である原告Ｔに対して「お母さん私に何か隠していることあるでしょ」と言って、原告Ｔから家庭連合に対して献金した事実を聞き出した上、その奪還をほのめかした。心配になった原告Ｔは同年11月、家族との関係で同様の悩みを抱えていた友人信者と共に、家庭連合に対していかなる請求も行わない旨約束する念書を作成して公証役場で認証を得る手続き(私署証書の認証)を行い、紛争を未然に防止しようとした。また、自身が自由意思によって献金してきたことを書き記した陳述書に公証役場で確定日付を受け、更には自身の証言をビデオ映像に残した。

同年11月12日、原告Hは原告Tを松本市の実家から和歌山の親戚の家に連れ出した。三女は原告Tと連絡を取ることができなくなったことから心配し、原告Tと原告Hとを相手方として家庭裁判所に家族関係調整調停を申し立てた。ところが原告Hは、調停には出席しない旨伝える書類を同家裁に提出し、家裁からの呼出を無視した。同書類には原告Tの自筆書簡が添付されており、そこには、三女が原告Tの土地を売却させ献金させたとか、三女が預貯金を献金させたなど、実際の経緯と全く異なる記載がなされた上、心の整理ができるまで当分三女に会うつもりはないなどと書かれていた。

一方、原告Hは原告Tとの間で任意後見契約を締結し、原告Tがアルツハイマー型認知症であるとの2016年5月27日付診断書を元に家裁に申し立てを行い、同年7月より任意後見を開始した。診断書の「計算力」に関する欄には、「計算は全くできない」と記されていた。

その後、原告Hは原告Tを長野県の老人福祉施設に隔離した。同年11月30日、同所を探り当てた三女が同施設を訪問したところ、原告Tは三女の来訪を大変喜び、本音を語った。その要旨は以下の通りである（この内容は録音され法廷に提出されている）。
①土地は自分の意思で売却した。家庭連合に献金したのも自分の意思だった。教会での勉強は楽しかったし、文鮮明師のことは尊敬している。
②家庭連合に献金したことが長女（原告H）に知れると長女から酷く怒られた。和歌山の親戚の家や長野の施設は、自分の意思に反して長女によって入れられたのであり、本当は自宅に帰りたい。
③一番親孝行なのは三女だ。自分は三女のことが「大好き」で、縁を切りたいなどとは思っておらず、会いたいと思っていたが長女が三女との「絶交」を指示した際、長女が恐くて嫌だと言えなかった。また長女が携帯を解約したため三女に連絡できず切なく思っていた。長女は怒ると鬼みたいに恐ろしく、自分を施設に入れた後は会いにも来ない。
④長女が家庭裁判所に提出した私の自筆書面は長女が書いたものを写しただけだっ

た。
⑤長女の請求により仮に家庭連合から献金が返金されたら3人の娘に分けたい。
なお、三女が原告Tに対して3×3、1＋10といった計算問題を次々と出したところ、同原告は素早く回答した。この結果、家裁による後見開始決定の資料となった前記診断書の「計算は全くできない」との「計算力」に関する所見も、かなり怪しいものであることが判明した。

三女の来訪から1週間後に、原告Tは「私の真実」と題する手書きの書面を書かされている。そこでは、因縁話を聞かされ恐怖心を感じて献金したこと、三女が施設に来て怖かったこと、2度と三女に来て欲しくないことなどが書かれていた。後日同書面は裁判所に証拠として提出されたが、上記録音データによりその内容の虚偽性が明らかとなった。

2017年3月16日、原告T及び原告Hが前述の通り家庭連合等を被告として訴訟提起した。裁判で原告側は、家庭連合の信者らが原告Tに先祖因縁を説いて因縁を解放しなければ夫の病気は悪化すると繰り返し述べ、原告Tの判断能力が著しく低下していたのに乗じて献金させたと主張した。一方、被告側は、原告Tは信仰心から自由意思に基づき献金したにもかかわらず、十分な意思能力のある原告Tを原告Hが被後見人に仕立て上げて原告Tの意に反して同原告を施設に隔離し、同原告が大好きで最も親孝行だと思っていた三女との面会を妨げつつも、自身は原告Tの面倒を看ず、同原告の意に反して裁判を起こし、自身の相続財産を確保しようとしたと主張した。遂に原告Tは一度も法廷に姿を現さなかった。同年6月12日、原告Tは公正証書遺言を作成した。その中で、家庭連合に対する損害賠償請求権についてはすべて原告Hに相続させる旨の記載がなされていた。この内容は、家庭連合から献金が返金されたなら3人の娘達で分けたいと欲しているとの原告Tの前記発言とは全く矛盾するものであった。

上記録音データなどの証拠によって原告主張の虚偽性を立証することができたため、被告家庭連合及び被告信者らは全面勝訴することができた。また、本件でも原告Tが作成した念書の効力が問題となったが、裁判所は、原告らの主張を排斥し念書の効力を認めた。

全国弁連の弁護士らは上記事件の最高裁における巻き返しを図り、メディアを通して信者が書いた念書の効果を否定する方向で世論を扇動した。この結果、遂に岸田首相は

2022年11月29日、新法を巡る衆議院での審議の中で、「自主的に献金した」という念書にサインさせられた場合にはむしろ違法性を示す要素となり、損害賠償請求が認められやすくなる可能性があるとの認識を示した。しかし、実際に裁判で判明した事実は上記のとおり、むしろ原告側の主張・供述の虚偽性こそが問題となったのであった。岸田首相は、メディアにせき立てられる余り、十分な事案の検討もしないまま軽々に上記発言をしたのではないかと疑わざるを得ない。

民事訴訟で「カルト宗教」は勝たせない傾向

上述の通り、全国弁連には、家庭連合信者を拉致監禁して脱会強要を行う脱会専門業者らを家庭連合信者の親族に紹介するなど常軌を逸した活動を行う弁護士らがいたことが明らかとなった。この点全国弁連の山口広弁護士は拉致監禁が行われていたとの認識はなかったと証言するが、少なくとも後藤徹事件に関する宮村峻氏の関与が裁判で違法と認定されたことは動かしようのない事実である。また、全国弁連弁護士らが原告代理人を務める献金訴訟における原告側の虚偽主張、虚偽供述についても、先に挙げた事例に見られるとおりである。そもそも全国弁連は被害者救済のためではなく、スパイ防止法制定阻止など、一定の政治的目的から設立されたことも最近報道されるに至っている（『月刊Ｈａｎａｄａ』２０２３年1月号掲載記事「統一教会問題の黒幕」、福田ますみ氏）。

全国弁連が家庭連合を貶める手法は、実際には「被害者」など殆ど存在しないにもかかわらずメディアを動員して反家庭連合キャンペーンを行い、人々を不安に陥れて被害意識を殊更に煽るというものである。安倍晋三元内閣総理大臣に対する銃撃事件後においても、全国弁連は、家庭連合こそが事件の元凶であるかの論調を作り出し、家庭連合信者やその親族を不安に陥れ、「被害者」造りに奔走した。

メディアは、家庭連合を「反社会的団体」であるとして攻撃したが「反社会的団体」だとする根拠は、民事裁判で敗訴しているからだと言う。しかし、①多くの原告が拉致監禁・脱会強要といった人権侵害によって、あるいは、家族らからの反対によって人為的に作出された被害者であり、②裁判では原告側に虚偽主張・虚偽供述が散見され、③裁判所の判断も極めて不公正と見られる場合、果たして、家庭連合は裁判で敗訴しているから「反社会的団体」である、との論調は成り立つのであろうか。

なお、裁判所の判断の不公正は家庭連合側だけが主張していることではない。かつて全国弁連に所属していた伊藤芳朗弁護士の前記供述によれば、民事訴訟では「カルト宗教だと負け」という裁判所の枠組みがあり、「他の事件では認められないような請求も相手がカルト宗教だと安易に認められてしまう、という裁判所の傾向」があるというのである。実際、こうした傾向があったからこそ、全国弁連側も不当請求、不当訴訟を継続することができたのである。

２０２１年には、家庭連合を被告として下された3件の判決のうち、前記浦和献金事件及び長野献金事件の2件の事件で家庭連合側が全面勝訴を収めた。また、２０２２年には東京高裁で勝訴し、今年２０２３年にも家庭連合側は1件の献金裁判で全面勝訴を収めた。

家庭連合に対してであればどのような不当請求も認めるという、従前の裁判の傾向に変化が見られるのである。したがって、こうした点からも、家庭連合は民事裁判で敗訴しているから「反社会的団体」だとする論調は全く通じなくなっていると言える。

第五章　紀藤正樹氏の『マインド・コントロール』の真っ赤な嘘

魚谷俊輔

魚谷俊輔（うおたに・しゅんすけ）
１９６４年千葉県生まれ。東京工業大学工学部化学工学科卒。95年に米国統一神学大学院神学課程を卒業。２０００年にＵＰＦの前身である世界平和超宗教超国家連合（ＩＩＦＷＰ）が日本に創設されるにともない、事務次長に就任。２０１７年８月より、天宙平和連合（ＵＰＦ）日本事務総長。２０２２年４月より、国際勝共連合事務総長、世界平和連合事務総長。著書に『神学論争と統一原理の世界』『統一教会の検証』『間違いだらけの「マインドコントロール」論』。

科学的な立証がなされていない

２０２３年２月13日、東京地裁で一番大きい一〇三号法廷で、世界平和統一家庭連合（旧統一教会）が紀藤正樹弁護士、読売テレビを名誉棄損で訴えた裁判の第一回口頭弁論が開かれ、報道陣や関係者ですべての席が埋め尽くされた。教団側が福本修也弁護士一人に対して、被告側は30人からなる大弁護団を結成。弁護団長を務める飯田正剛《まさよし》弁護士は、「（窮地に追い込まれている）統一教会は、『起死回生』をかけて、反撃に出たのです。すなわち、『全国弁連』（全国霊感商法対策弁護士連絡会）の『顔』『代表』とも言うべき紀藤正樹弁護士を『被告』として、裁判を起こしたのです」と断定。教団の提訴は「スラップ訴訟」「紀藤正樹の言論封殺を目的とした裁判」などと激しく非難した。

確かに紀藤弁護士は、ジャーナリストの鈴木エイト氏とともに、家庭連合攻撃の急先鋒に立つツートップ的な存在だ。だが、彼の役割はそれだけではない。鈴木氏らが、教団のさまざまな事象をあげつらうやり方に対して、紀藤弁護士は、教団が「マインド・コントロール」なる技術を用いて、信者を集めコントロールしていると主張し、社会に訴えてきたのである。

しかし、「マインド・コントロール」は疑似科学であり、その効果は科学的に立証されていない。また「マインド・コントロール」なる言葉は多義的であり、法律用語としては使えない。本稿では、紀藤弁護士が著作で論じている「マインド・コントロール」がいかにいい加減な概念であるかを立証する。

さて、2022年8月に河野太郎消費者担当相が立ち上げた「霊感商法等の悪質商法への対策検討会」は、本来消費者庁が扱うべき範囲を越えた広範なテーマを討議。10月17日にまとめられた同検討会の報告書には、「マインド・コントロール」を規制する禁止規範を法制化すべきであるとの内容が盛り込まれており、この目論見は昨年の国会では完全には実現されなかったものの、「配慮義務」という形で部分的に成功する結果となった。

同検討会には紀藤弁護士も委員として参加。前述したように、紀藤弁護士は全国弁連の中心メンバーであり、長年にわたって家庭連合を相手取った民事訴訟で原告側の代理人を務めてきた人物である。紀藤弁護士は『マインド・コントロール』（アスコム、2017年）という著書を執筆しており、このテーマに関する「専門家」としてマスコミ報道に多数出演しただけでなく、国会審議や政策決定にも影響を与えてきた。

著書の前書きからウソの記述

その紀藤氏の著作『マインド・コントロール』の中には「真っ赤な嘘」が含まれている。その嘘は、はやくも「まえがき」に登場する。

「こうした経過を経て、2000年9月14日、広島高等裁判所岡山支部で、ついに司法がマインド・コントロールの違法性を認める初判決を出します。これについては本書の第1章以下で詳しく書きました。その後も続々と『マインド・コントロール』の違法性を認める判決が相次いでいます。すでに最高裁判所の判例も出ており、司法ではもはや結着事項ともいえます」（P5）
この発言には二重の嘘が含まれている。第一の嘘は、「マインド・コントロール」を否定した判決が存在するにもかかわらず、そのことには一切触れずに意図的に隠蔽し、「司法ではもはや結着事項ともいえます」などと決めつけていることである。
「マインド・コントロール」なる概念が日本の法廷で初めて争われたのは、いわゆる「青春を返せ」裁判においてである。これは、統一教会を脱会した元信者らが「貴重な青春を統一教会に奪われた」と主張して起こした損害賠償請求訴訟である。こうした訴訟で、全国で初めて下された判決が、１９９８年3月26日の名古屋地裁判決であった。この訴訟では、統一教会を相手に元信者の女性6人が総額６０００万円余の損害賠償を求めていた。これに対して稲田龍樹裁判長は原告側の請求を棄却する判決を下し、「マインド・コントロール」に関しては以下のようにはっきりと否定している。

「原告らの主張するいわゆるマインド・コントロールは、それ自体多義的であるほか、一定の行為の積み重ねにより一定の思想を植え付けることをいうととらえたとしても、原告らが主張するような効果があるとは認められない」

続いて、1999年3月24日の岡山地裁判決でも統一教会側が勝訴し、この判決は確定している。さらに、2001年4月10日の神戸地裁判決でも統一教会側は勝訴しており、「マインド・コントロール」についても完全否定されている。このように、「マインド・コントロール」を否定し、統一教会が勝訴した判決が複数存在するにもかかわらず、紀藤氏はこれらには一切言及せずに、「司法ではもはや結着事項ともいえます」などとうそぶいているのである。これは意図的な事実の隠蔽としか言いようがない。

さて、1998年6月3日にもう一つの「青春を返せ」訴訟に対して岡山地裁が下した判決が存在する。これは、統一教会を相手に元信者の公務員男性が200万円の損害賠償を求めた裁判であった。この判決で小沢一郎裁判長は、「マインド・コントロール」を否定し、原告側の訴えを退けている。つまり、一審判決では統一教会が勝訴していたのである。

だが、原告は控訴審で逆転勝訴し、これが最高裁でも認められて、統一教会の敗訴が確定することとなった。これが「まえがき」で紀藤氏が「２０００年９月14日、広島高等裁判所岡山支部で、ついに司法が「マインド・コントロール」の違法性を認める初判決を出します」と言及した、問題の判決である。だが、「司法がマインド・コントロールの違法性を認めた」というのは、嘘である。それでは、広島高裁は「マインド・コントロール」なる概念に対してどのような判断をしたのか、引用してみよう。

「なお本件においては、控訴人が『マインド・コントロール』を伴う違法行為を主張していることから、右概念の定義、内容等をめぐって争われているけれども、少なくとも、本件事案において、不法行為が成立するかどうかの認定判断をするにつき、右概念は道具概念としての意義をもつものとは解されない（前示のように、当事者が主観的、個別的には自由な意思で判断しているように見えても、客観的、全体的に吟味すると、外部からの意図的操作により意思決定していると評価される心理状態をもって『マインド・コントロール』された状態と呼ぶのであれば、右概念は説明概念にとどまる）」

判決文を意図的に曲解

「道具概念」とか「説明概念」というような難解な用語を用いており、素人には何を言いたいのか分かりにくいのであるが、そこは法律のプロである紀藤弁護士が以下のように説明してくれている。
「難しいものの言い方をかみくだけば、マインド・コントロールという概念（考え方）は心理状態を説明しているだけで、不法行為が成立するかどうかを判断するときの道具には使えない、といっています」（P54）
これはどう読んでも、「マインド・コントロール」の違法性を認めた判決ということはできない。にもかかわらず、紀藤氏は「まえがき」の5ページでこの判決を「マインド・コントロールの違法性を認める初判決」と紹介しているのである。完全に矛盾しており、とても同じ著者の言葉とは思えない。まともな国語力のある者なら、54ページの文章を読んで、これが「マインド・コントロール」の違法性が認められた判決だと言うことはできないであろう。
結局、広島高裁判決は「マインド・コントロール」概念を採用せず、それは脇に置いておいて、布教行為や勧誘行為の目的、方法、結果が社会通念上認められる範囲を逸脱しているかどうかを判断し、この個別の事件に関してのみ、不法行為として認定したに過ぎない。裁判所は事実上、法律用語としては「マインド・コントロール」を却下したのだ。にもかかわらず、紀藤氏はこの判決を「マインド・コントロールの違法性を認める初判決」と紹介している。これは判決文の意図的な曲解であり、論理的に破たんした真っ赤な嘘にほかならない。
紀藤氏は著作の第1章で、「マインド・コントロール」とはそもそも何なのかを、以下のように解説している。
「手始めに、マインド・コントロールを文字通り『心や精神が支配されること』と考えてみましょう。すると、ある人が自分以外の人や組織から精神的な影響を受け、自分が意識しないままに態度・思想・信念などが強く形成され、それにすっかり凝り固まってしまい、心や精神が支配されているように見える状態は、ごく普通にあることだと気づきます」（P44）
続いて紀藤氏は、こうした状態の例として、①教育ママが子供に勉強するよう言い聞かせる、②スポーツ選手がコーチに心酔する、③イスラム教の国の宗教教育などの例を挙げ、これらは広い意味でのマインド・コントロールとよく似ており、マインド・コントロールの一種といえないことはないかもしれないが、しかし、本書ではこれらを「マインド・コントロールされている」とはいわないと断言。

同じような例として紀藤氏が挙げているのが、支配的な夫と従属する妻、厳しい親に従う子、厳格な教師と教え子の関係、『会社主義』と言われる企業や役所内の上下関係、暴走族や暴力団など集団内の支配・被支配関係、派閥ボスと派閥に集う政治家の関係、キリスト教の幼児洗礼、戦前の日本の軍国主義、ヒトラーを熱烈に支持したドイツ国民、文化大革命時代の中国、禁酒法や赤狩りに狂奔したアメリカ——などなどであるが、これらはすべて、「マインド・コントロール」ではないと紀藤氏は言い切るのである。

それでは問題視すべき「マインド・コントロール」と、それに似て非なるものとは、どうやって見分けられるのであろうか？　それに対する紀藤氏の答えは以下のようなものである。

「両者の違いを見分けるカギは、その時代の社会通念や一般的な社会常識を前提とした

『法規範』や『社会規範』です。…目的、方法、程度、結果などを見て、それらが『法規範』や『社会規範』から大きく逸脱している場合は、これを『マインド・コントロール』と判断して問題視すべきである。私はそう考えています」（P47）
冒頭にあげた三つの例が「マインド・コントロール」に該当しない理由は、どれも社会通念から逸脱していないからであり、イスラム教国の例では、生まれながらみんなアラーの神に帰依することも、日に5回の礼拝も、歴史や社会の文化に深く根差した社会通念や社会常識そのものであり、それを異なる文化圏から見て「マインド・コントロール」などというのは、余計なお世話であるとしている。

心理学的、法律的に確立していない用語

社会通念や社会常識は国ごとに異なるものだ。そうなると、「マインド・コントロール」は科学的に定義される概念ではなく、その国の政治状況によって変化する「政治的概念」であるということになる。実は、「マインド・コントロール」が心理学的にも法律的にも確立した用語ではないことは、以下のように紀藤氏自身が認めている。

「ところで、『マインド・コントロール』という言葉は、心理学用語として確立している用語ではありませんし、右の判決文からわかるように『法律用語』としても確立した用語ではありません。心理学者に『マインド・コントロールとは何か?』とたずねると、『そんなものはない』と答える人すらいます」(P55〜56)
「マインド・コントロール」が多義的で曖昧であることも、紀藤氏自身が認めている。彼は自著の中で以下のように述べている。

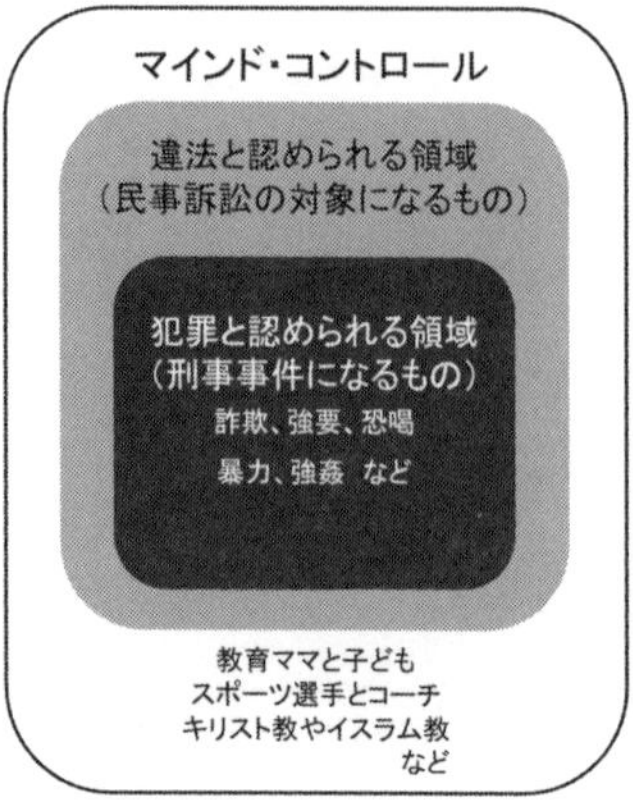

「マインド・コントロールは多様で多義的な概念であって、狭い意味から広い意味までさまざまに使われ、ときにわかりにくかったり、曖昧だったりするのです」(P64)
そこで紀藤氏はこの多義的で曖昧な「マインド・コントロール」概念を整理し、それと犯罪や民法上の不法行為の関係を一つの図にまとめている。それが上記の図(著書の65ページに登場)である。

この図に対する紀藤氏の説明は以下のようなものだ。
「いちばん外側に、もっとも広い意味でのマインド・コントロールという広大な領域があります。その中に、私たちがこの本で問題とする、違法性を問われかねないマインド・コントロールの領域があります。これは犯罪にならないとしても犯罪に近い領域（薄いグレー）と、はっきりと犯罪と認められる領域（濃いグレー）に分かれます」（P66）
「マインド・コントロール」を一つの概念として理解しようとするとき、この65ページの図とその説明には重大な欠陥があることが分かる。法律家が解説しているにもかかわらず、「マインド・コントロール」は合法的行為にも、民法上の不法行為にも、犯罪行為にもなり得るのだから、もはや具体的に何を指しているのか分からず、混乱を招くだけである。しかも、「マインド・コントロール」は価値中立的な言葉ではなく、ネガティブなニュアンスが込められているので、合法的な行為を不法行為や犯罪と結びつけて非難するような偏見を助長する危険性があり、その意味で有害な言葉である。
著書の67ページから紀藤氏は「マインド・コントロール」と「洗脳」の違いについて説明しているが、ここでも奇妙な論理を展開している。彼は文化大革命時代の中国は国民に対して「洗脳」を行っていたと述べ、「洗脳がマインド・コントロールと異なるのは、単純な精神操作にとどまらず、隔離・拘束・監禁・暴力（ときには拷問）・薬物使用といった外形的な行為がともなう点だと考えられています」（P68）と紹介している。

こうした拘束、監禁、暴力、薬物使用自体が重大な人権侵害であり、国際法に違反すると私は思うのだが、紀藤氏はそのことを非難する様子はなく、むしろ「洗脳は監禁状態がなくなれば解けやすいのです」（P68）とあっさりスルーしておいて、「マインド・コントロール」は本人が思想や信念を自分で選んだかのように錯覚しているので、「信念の体系」が出来上がっているため、環境が変わっても自分からその体系を崩そうとしないから、もっと問題だと言わんばかりなのである。

紀藤氏は著書の46ページで、文化大革命時代の中国がやっていたことは、「マインド・コントロールではない」と言っている。その理由はどうやら、当時の中国の「法規範」や「社会規範」から逸脱していないのでOKということらしい。彼の「マインド・コントロール」の定義に基づけばそうなるはずだ。どうも紀藤氏の価値判断では、「洗脳はOK、でもマインド・コントロールはダメ」ということになりそうである。

消えた「オセロ中島さん騒動」記述

それでは紀藤氏が警鐘を鳴らしている、「マインド・コントロールで駆使される心理的テクニック」の中身が何かといえば、それは有能なセールスマンや優れたテレビCM、政治家などが駆使している方法で、世の中にあふれているというのだ。要するに誰でも使っている手法であり、合法的な方法ということになる。手法そのものに違法性がないとすれば、「カルト」と呼ばれている一部の団体だけが同じ行為に対して責任を追求されては、「法の下の平等」という権利が保障されないことになってしまう。

いったい、紀藤氏の善悪の判断基準はどこにあるのだろうか？　中国共産党が、監禁や拷問や薬物を使って「洗脳」を行っても、それはその国の「法規範」や「社会規範」からは逸脱していないので、外国人がとやかく言う問題ではない。しかし、日本国内で「カルト」と呼ばれる団体がセールスや広告で長年使われている手法を用いたら、それは「マインド・コントロール」と呼ばれ、大いに警鐘を鳴らすべきである。全体を読めば、これが紀藤氏の価値観であると判断せざるを得ない。

さて、もっと有名なケースで「マインド・コントロール」の虚構を証明したい。紀藤氏の著作『マインド・コントロール』は、２０１２年６月に出版された初版と２０１７年３月に出版された「決定版」がある。両者を詳細に比較すると、最大の記述の変化は「オセロ中島さん騒動」に関するものだ。初版で「オセロの中島知子さん」と実名入りだった記載が、決定版では「芸能人」という表現に差し替えられている。この間、何があったのか。

実は、中島さんは２０１３年に虚偽報道を行ったメディアを相手取って裁判を起こした。その結果、「洗脳」や「マインド・コントロール」と書き立てたメディア側の主張は法廷で何一つ立証されず、事実無根であることが明らかになった。名誉毀損で訴えた裁判はすべて、２０１６年までに中島さん側の勝訴または勝訴的和解で決着を迎えている。一部のメディアからは虚偽報道だったとして謝罪があったという。だからこそ、２０１７年に出版された紀藤氏の決定版では、都合の悪くなった中島知子さんに関する記述を全面的に削除し、「なかったこと」にしなければならなかったのである。

紀藤弁護士に告げる。弁護士としての一片の良心が存在しているのであれば、「マインド・コントロール」なる怪しげな理論を振りかざして国民を愚弄するのは即刻やめてもらいたい。

第六章　日本を「人権」「信教の自由」を尊重する国に

第一節　「家庭連合排除は、全体主義の道を開く」
長時間の議論経て、民主主義守った取手市議会

鴨野　守

攻撃する人こそ憲法違反ではないか

富山県の新田八朗知事は昨年7月下旬の記者会見で、世界平和統一家庭連合及び友好団体から、知事選での応援を受けたと隠さずに語り、「その窓口が鴨野守氏だった」と話したことを契機に、私は県内外のマスコミの取材攻勢にさらされた。できる限り、一方的な報道にならないよう、私たちの立場を説明したいと、私はＮＨＫはじめ地元の民放3社、共同通信、北日本新聞のインタビューを受けた。

チューリップテレビの毛田《けだ》記者から、「選挙応援をした政治家から『関係を切る』と言われたことをどう思うか」と問われて、「失恋と失業を一度に味わった気分」と伝えた。

さらに、今後のことについて聞かれれば、次のように答えようと準備していた。

「いつの日か、知事や先生方が堂々とお付き合いのできる団体になれるよう精進したい。

また、マスメディアからも、洪水のようなネガティブな報道を受けました。私は仲間に宣言しています。『倍返しする』と。ネガティブな報道の2倍、積極的に評価してもらえる報道を富山県内で発信してもらえるように努力しようと。だから、私自身もそうですが、仲間に『長生きしてくれ』と話しています」

私がメディアに登場した波紋は家族にも及んだ。ネット上で名前をさらされた四女、面と向かって父親の悪口を言われた三女、次女は「職場を辞めさせられるかもしれないと覚悟した」という。娘たちには辛い思いをさせてしまった。県内の砺波市、小矢部市の市議会では共産党議員が私の名前を挙げて批判。さらに、その質疑内容をチラシにして市内に配布。我が家にも入った。

だが、それ以上に私が一抹の寂しさを覚えたのは、議員の言動だった。彼らは家庭連合信者以外で、もっとも信徒の素顔を知る人たちだ。選挙をはじめ後援会設立、市政報告会、県政報告会、誕生会などを通じて、議員は時々、教会を訪問。そこで多くの信者と談笑し、交流を重ねてきた人たちなのである。自民党本部の「関係断絶」の方針やマスメディアの苛烈な報道があるとはいえ、いや、そうした激しい報道を目にして、「テレビや新聞の報道は本当なのか。言いたいことがあれば、聞かせてくれ」と教会を訪ねて来られる人はだれ一人いなかった。そこに、私は一抹の寂しさを禁じ得ないのである。だが、これは別に富山に限ったことではない。全国どこも似たような状況だった――。

細谷典男議員

ところが、この度の騒動を契機に、家庭連合の教会を初めて訪ねて、信者の声を直に聞いて、「この人たちが犯罪をするような人たちではない。攻撃している人たちこそ、憲法違反をしているのではないか」との確信をもって、議会に臨み、教会と議員との関係性調査を求める請願を通そうとする日本共産党に真っ向から反論し、否決に導いた政治家に2023年1月下旬、初めてお会いした。
その人は、茨城県取手市の細谷典男《ほそやのりお》市議会議員（71）である。県議1期、市議4期目のベテラン議員だ。発端は、2022年の9月議会に共産党議員が紹介議員となって提出された請願だった。その趣旨はこうだ。

マルティン・ニーメラー牧師の言葉

「安倍元総理狙撃事件によって、旧統一教会が反社会的であることが明らかになった。こうした団体に与党国会議員が関わることは、反社会的活動を肯定するものである。茨城県でも国会議員のみならず、首長や地方議員にもその汚染が広がっている。旧統一教会は、宗教団体を装い、日本を貶める国際謀略機関である。このような反社会的団体は、住民の安住にとって有害なので、地方自治体としての自浄作用を期待する」

こう断言したうえで、「市議会は独自の調査委員会を組織し、市長及び市議会議員の旧統一教会による汚染・感染を調査し、結果を公表すること」との請願だ。

細谷氏にすれば、家庭連合の名前を聞くことはあったが、深いつきあいはなかったという。それにしても、「旧統一教会による汚染・感染を調査」「住民の安住にとって有害」と、まるで教団を恐ろしい「ばい菌」のように表現するあたり、請願者と紹介議員になった共産党議員の憎悪も露骨だ。

取手市議会の議席は24。うち共産党は実に4つの議席を占める。どうやら、安倍元首相銃撃事件を契機に窮地にある家庭連合及び友好団体を一気に攻めようと考えた共産党が、その成功事例を取手市で作り上げる思惑だったようだ。

議会内は、この請願にあまり触れたくない、さっと終わりたいという気配だったが、現場主義の細谷氏は、家庭連合の施設を訪ねて、信者と直接、話して確認したいと考え、知人に打診。やがて近くの教会を案内されたという。

そこで信者と交流する中で、細谷氏は「皆さんが心の救い、平安を求めて信仰生活をされているとわかりました。そうであれば、どなたか議会に出て、実情を訴えてはどうか」と呼びかけたが、誰も手を挙げる人はいなかった。

その場面に遭遇した細谷氏は、ドイツの牧師マルティン・ニーメラーの言葉を思いだしたという。


ナチスが共産主義者を連れさったとき、私は声をあげなかった。

私は共産主義者ではなかったから。

彼らが社会民主主義者を牢獄に入れたとき、私は声をあげなかった。

社会民主主義者ではなかったから。

彼らが労働組合員らを連れさったとき、私は声をあげなかった。
労働組合員ではなかったから。
彼らが私を連れさったとき、私のために声をあげる者は誰一人残っていなかった。
（マルティン・ニーメラー財団作成の英文の日本語訳）

ナチスの蛮行が始まったその最初に人々が勇気をもって立ち上がり、声を上げれば甚大な被害にはならなかったはずだ。細谷氏は、自分が家庭連合の信者でないからと見て見ぬふりをし、声を上げないのは、ニーメラー牧師が嘆いた「過ち」を繰り返すことになりはしないか――。その時、細谷氏は真正面からこの問題に取り組もうと決意したのである。

一つの請願に2時間半もの議論行う

その後、この請願に関する議論は、細谷氏によれば、「（9月の）本会議での請願趣旨説明と質疑では28分、委員会審査で79分、本会議討論採決では48分。一つの案件でこれほど長時間議論することは滅多にあることではない」と述べている。日本の地方議会で、家庭連合に関する陳情、請願で取手市議会が最も長時間、議論したのではないか。

請願を通そうとする共産党の関戸勇氏は77歳。共産党歴60年の長老である。これに対して反対の先頭に立つ71歳の細谷氏らが軸となり、議会では熱い討論が展開された。細谷氏は、自民党、公明党などの会派をまわり、この請願の持つ意味合いを丁寧に説明して回った。

公明党には、「戦中・戦後は創価学会というだけで白い目で見られた時代があり、初代会長の牧口常三郎先生は国家の弾圧を受けて獄中で死去された。家庭連合は今、かつての創価学会と同じ状況にある。同じ宗教団体として温かい目で見守ってほしい」。

自民党本部の方針を受けていた地元の自民党系会派は当初、慎重姿勢だったが、細谷氏の話に耳を傾けて、「細谷氏の意見が正しい」との判断を下した。

議会で議論された詳細は、議会議事録か細谷氏の著書に譲るとして、ポイントと思われる発言を紹介したい。

公明党の染谷和博市議は、請願に、「家庭連合が反社会的団体」と断定している点に言及。

「反社会的集団とは、要するに組織暴力団のことです。それ以外の団体にこの定義が適用された前例は今までない。そうなると、（家庭連合が）この反社会的団体というのは当てはまらなくなるが、どう思うか」と述べ、こう指摘した。

「私も統一教会、困った団体だと思いますけれど、だからといって弾圧しちゃいけないんじゃないか。共産党の関戸団長よ、お宅は過去にレッドパージというものを受けていますよね？　公職を追われ、普通の会社も解雇された」

関戸市議「レッドパージ！　あれはダメだよ。とんでもない」

細谷市議「あなたは同じことを家庭連合さんにやろうとしているんですよ。それってをかしく思いませんか？」「たとえ（統一教会に）一部問題があっても、信じる権利というのは憲法で保障されていますよね。ヴォルテールも言ったように、あなたの意見には反対だが、あなたがそれを主張する、主張する権利は命をかけて守るという、これ今の近代民主主義の基本ですよ。勉強してから請願してください」

細谷氏も追及した。

「反社会的という概念をもって、違法でないものを社会から排除する、これが『反社会』、『反社』という言葉になってきているのですよね。法と証拠に基づいて、違法なことであればそれは取り締まればいいんですよ。しかし、法に違反してない中で、法的には問題ないのに反社会的というレッテルを貼って社会から排除するということについては、大変問題があるというふうに思っているのです」

「このような反社会という曖昧な指摘があった場合、事実に基づいて、事実を実証することで、真理を追求し物事の真相を明らかにしていく、つまり実事求是《じつじきゅうぜ》ということが重要であろうと考えます。

本請願では、反社会ということが前提で組み立てられており、事実を立証できておりません。とりわけ取手市内において、被害の有無を尋ねたところ、把握しているものはないということでございました。何もないところに、あえて世間の異物として排除するために、反社会というレッテルを貼り、社会全体を一体化する動きと同様で、それは全体主義です。反社会を基調とした本請願は、全体主義に道を開くものになる危険性を指摘したいと思います」

細谷氏は、思想信条が同じでも違っていたとしても、「生活や災害などで困っている、助けてくれ」と言う市民がいたら、誰にでも手を差し伸べるという信条の持ち主。

この請願は結局、共産党会派4人だけが賛成し、残り18人が全員反対に回り、否決されたのである。

特定の団体、個人を差別しないと明言

さらに細谷氏は12月議会においても、別の視点から家庭連合と行政との関係について質問した。主なやり取りを以下に紹介する。
細谷氏　家庭連合と議会の関係に関する調査は明確に否定したが、市は、市長や職員に調査を求められた場合どうするのか。
政策推進部長　市長や市職員に対して、世界平和統一家庭連合との関係に関する調査を求められた場合、さきの取手市議会で不採択となりましたことと同様に、調査は実施しない。
細谷氏　職員採用試験に当たって家庭連合との関わりは影響するのかどうか。
総務部長　法の趣旨に鑑み、採用や競争試験において、欠格条項に該当しない理由によって他のものと異なる取扱いをすることはできない。
細谷氏　家庭連合及び関係団体信者個人から、市への寄付の申し出あるいは市が寄付を

受領したことがあった場合の対応は。
秘書課長　宗教団体が何らかの法律の規定に抵触するといった特段の事情がない限り、特定の宗教団体であることや、宗教団体に属しているものであることをもって、宗教団体以外の団体や個人と異なる取扱いをすることはない。
細谷氏　家庭連合の信者の方々が、ボランティア活動を行うということについて、市の対応は。
市民協働課長　宗教団体の構成員の方々が宗教活動以外の内容を主たる目的としてNPO法人を設立する、またボランティア団体を組織し地域の清掃活動などをするといったボランティア活動に携わっていただくことにつきまして、認められないことはない。議員ご指摘のように、ボランティア活動の中で布教活動などを行わないということが前提となる。
細谷氏　次に行政の側が、家庭連合及び関連団体、所属する個人から行政サービスを求められた場合に、どうするのか。まずは、宗教団体の公共施設利用及び補助金の申請交付などについては。
財政部長　個々の法令や市の条例・規則・補助要綱等にのっとり、要件に適合しているか否かで判断。宗教団体であることや宗教団体に所属している者であることをもって個々の法令等と異なる取扱いをすることはない。
細谷氏　家庭連合の信者から利用申請があった場合は。
財政部長　特定の宗教団体や宗教団体に属している方に対して、個々の法令等と異なる取扱いをすることもない。
細谷氏　災害時などにおける個人、団体の寄付に関して。家庭連合及び関連団体を名のる方々から申出があった場合の対応はどうか。
福祉部長　個人法人を問わず、皆様からの支援に支えられておりますので、御質問の関係団体等からの申出につきましても、それ以外の方々と異なる取扱をすることはない。
細谷氏　家庭連合の信者の方から、生活保護に関して相談があった場合は。
社会福祉課長　特定の宗教団体に所属していたり、関連団体の関係者等であるか否かを理由として、それ以外の方々と異なる取扱いをすることはなく、相談や申請を拒否することはしない。
細谷氏　家庭連合の信者が困窮に至った中の支出の中に献金があった場合、どのように対応するのか。生活保護の判定に影響を与えるのかどうか。
社会福祉課長　生活保護は申請時点での収入や資産の状況を基に保護の要否判定を行う。生活困窮の原因が献金等によるものである場合でも、保護の要否判定に影響が生じるものではなく、あくまで、申請時点での収入や資産の状況をもとにして、判定を行う。
細谷氏　取手市内の小中学校において市民から講師を招く地域人材活用事業について。この登録や授業の依頼に当たって、家庭連合及び関係団体の関係者であるか否かは、問われるか。
指導課長　家庭連合及び関連団体の関係者であるか否かを問うことはない。

細谷氏の著書

細谷氏　教育委員会が市内で行う行事の後援について。家庭連合の所属、または思想信条、これを後援に当たって問うというようなことはあるのかどうか。
教育次長　主催者が特定の宗教団体に所属または関係しているかどうかについては、後援を行うか否かの要件にはならない。

富山市、大阪市、富田林市、北九州市など、明確な根拠もなく、家庭連合及び関係団体との関係を切る、などという意見書を可決採択した自治体に比べれば、取手市の姿勢はまるで異次元のようだ。

細谷氏は、全国で家庭連合の信者が公権力によって遠ざけられ、地域から白い目で見られるようなことが起こりうる状況を憂い、議会でこう語った。

「このような、憲法違反が問われかねない風潮にありながら、マスコミやメディアからのバッシングを危惧して、自治体や議会が発言出来ないでいるのが現状ではないかと思う。（メディアで）有識者やコメンテーターは発信しているが、民間レベルでの見解でしかない。小なりといえど、人口10万余の自治体である取手市議会で本日議論された内容が、全国の標準、スタンダードになることを願う」

２０２２年９月議会、12月議会において細谷市議をはじめ、取手市議会、市の幹部が正面からこの問題に取り組んで、家庭連合とその信者を差別することをしないという賢明で良識ある判断を下した。これは、日本の民主主義を守る上でも画期的な出来事として記録されるであろう。

第二節　異なる価値観といかに共存していくか

徳永信一氏
聞き手・鴨野 守

まずかった自民党の対応

鴨野守　安倍晋三元首相銃撃事件を契機に、世論の攻撃は、世界平和統一家庭連合（旧統一教会）に向けられています。山上徹也被告は、家庭連合の最高幹部を狙ったと言われており、安倍元首相が最大の被害者と言えますが、家庭連合もまた被害者の立場です。ところが、世論は「真の被害者」は不幸な山上被告であり、「真の加害者」は家庭連合であり、懇意にしてきた安倍元首相であるというのです。
「世論は弱者に味方しやすい」と言われますが、メディアがそうした風潮を利用したようにも見えます。徳永弁護士は、この度の騒動をどのように受け止めておられますか。
徳永信一　流れとしては、まず国葬に反対か賛成かという話で、テレビは「国葬に反対」という論調を張ろうとしていたと思います。しかし、反対する側の法的根拠は、あまりはっきりしていませんでした。膠着状態になるかと思っていたところ、山上被告との関係で教団批判がどんどん出てきたのです。当初僕は、教団批判と国葬の反対・賛成とは結び付かないだろうと見ていました。

ところが、そのあとの岸田文雄首相の発言、自民党の対応がまずかったと思います。旧統一教会や関連団体の集会に出たか否かをマスコミに問い詰められ、山際大臣の答弁が二転三転しました。それが逃げの姿勢と見られ、視聴者の印象が悪くなりました。

政治家として堂々と、「統一教会とはこういうところで問題はないと自分たちは認識しています」と、自分たちの見解を表明すればよかったのです。

それをしないで、怪しげなカルト団体のように捉えられ、そことの関係を追及され、どんどん追い込まれたのです。岸田首相も、「当該団体との関係を一切持たない」と発言したため、テレビも新聞も安心してなんでも報道できるようになってしまった気がします。そうした流れは地方議会にも飛び火し、富山市、富田林市、大阪市などにおける「関係断絶」決議へと広がっていきました。

鴨野　マスコミは、社会的に問題視される家庭連合と自民党の国会議員が付き合ってきたのは問題だと報道し、内閣支持率が一気に低下。それに驚いた岸田首相が「関係断絶」を断言してしまいました。騒動がこれほどまで大きくなったのは、岸田首相のあの発言だったと言えます。

徳永　創価学会を背景に持つ公明党が与党です。ある宗教と政治がそういう形で結び付くこと、宗教団体が自分たちの理想実現のためにどこかの政党の肩入れをするのは全く問題ないと僕は考えます。ところが、一般人やマスコミ関係者は、宗教団体と政治の関わりそのものが今の憲法にそぐわないと考えているようです。政治家も、本当に旧統一教会と知らなかったのか分からないけれども、曖昧な発言に終始しました。そうすると、マスコミ人は、韓国からの政治工作を自民党は受けていたのではないかと勘ぐったりするのです。リベラル勢力からは「高額献金、霊感商法は問題だ」「あの旧統一教会はまだ存在していたのか」と叩かれるのです。さらに、「政治家がそんな宗教団体から応援を受けていいのか」「政教分離に反するんじゃないか」と批判されるのです。特に関係団体と議員との間の政策協定覚書が報じられ、「政教分離違反だ」と批判的に報じられてしまったのです。

政教分離は特定の宗教に便宜を供与したり援助することを禁じる原則ですから、政策協定は、これとはまったく別のことなのですが、マスコミや一般人は、政教分離とは〝政治と宗教が関係したらいけない〟という程度の認識を持つ人が多いため、一気に怪しくなってしまったのです。

左派勢力は、安倍政治が家庭連合に操られた韓国中心主義の政策をやっていたのだというプロパガンダを盛んに流しました。そして、その関係は、岸信介元首相の時代から深い関係があり、そこに、不透明な野望や陰謀があったかのように報じ、創設者の発言を引用して、大騒ぎしたメディアもありました。自民党議員の無知に付け込んで、家庭連合が韓国中心主義の政策を、自民党や政府の政策に密かに浸透させていたというストーリーを一気に作りあげたのです。

特に日本テレビ系列の読売テレビ「情報ライブ ミヤネ屋」が一歩踏み込んで報道したら、世間の反響が大きかったので、他局もそれに追随しました。

そして「宗教二世」問題が出てきました。高額献金問題に続いて、いわゆる「カルト宗教」という要素をもうひとつ増やしたということです。「宗教二世」はカルト宗教の犠牲者だというわけです。これを社会が放置していてはダメだとして、家庭連合批判と自民党批判につなげたのです。
これを過去の例に例えたら、美濃部達吉が唱えた「天皇機関説」問題と一緒でしょう、と私は指摘しました。要するに家庭連合とは何者か、正確なことを知ろうともしないで、一つの単純なイメージに引きずられてマスコミと世論が動き、それに忖度して政治が動いて物事が進む流れは、美濃部達吉の「天皇機関説」事件で日本人がやってしまったことと同じではないのかというのが僕の基本的スタンスです。天皇機関説事件で美濃部教授は東大を追われ、教科書が発禁処分となりました。世論が硬直化し、その結果、五・一五事件だとか二・二六事件に繋がっていくわけです。

安倍元首相の名誉回復のため闘う

鴨野　徳永弁護士は、これまでの裁判では、保守の立場で靖国訴訟や沖縄戦集団自決裁判などに関わってこられました。その徳永弁護士が、一部の人から「反日」と批判されている教団やその関係団体の弁護に立てば、徳永弁護士も「反日」と呼ばれてしまいますとネット上で質問され、「それは覚悟の上です」と答えておられました。

そこまでして、富山市をはじめ他の自治体を訴えた家庭連合信者や関係団体を擁護する立場に立つ決意をされた理由をお聞かせください。

徳永　実は統一教会とは学生のときに修練会に参加するなど馴染みがありました。僕の基本的な考え方は、家庭連合は韓国中心主義であり、その歴史認識については問題のある団体だと考えてはいました。しかしながら一人一人の信者や旧統一教会がいかがわしい団体だとは思っていないわけです。

世間からは、「キリスト教の異端」と言われているけれど、信者たちは非常に真面目に信仰しているし、勝共連合は自分たちの歴史観を持って政治に関わっていました。そこにはきちんとした信念があったとみています。

僕自身が良く分からなかったのは、文鮮明師と金日成主席が和解したというあのあたりからです。かつての旧統一教会は、対日というよりも、対北朝鮮の方が厳しかったという認識がありました。そうでなくなった時に、対日のそのベクトルが「反日」という方向に動いていないのかどうなのか、よく分からなかったのです。

ただ、沖縄での裁判などでは、世界日報の人たちや教会の信者さんもボランティアとして応援してくれていました。他の宗教団体の人も含め、基本的には保守サイドの人たちとは親和性があります。そこに、自分が認識できていないような陰謀論があるとは思えませんでした。

その中で、岸田首相の「関係断絶」発言はあまりにも性急と言わざるを得ませんでした。彼なりのひとつの逃げ方だと思いますが、それが地方組織にまで通達されてしまったので、自民党内において旧統一教会が全くのタブーになってしまいました。もう付き合ってもいけない、話してもいけない、擁護などもってのほか、という雰囲気になってしまいました。まあ、百歩譲って、そのような判断を下すのは、一政党としての自民党の勝手だろうとも思います。

しかし、公共機関である議会が、関係を持たないというのは憲法の視点からみれば明らかに行きすぎであり、明白な「憲法違反」です。ところが、これに対してマスコミも世間も「異議あり」と抗議しないのです。これは困ったことだな、と思っていたのです。

そこで昨年『月刊正論』11月号に「統一教会問題が暴いた戦後レジームの欺瞞性」を寄稿しました。それを契機に、家庭連合の友好団体関係者らから連絡が来て、裁判の相談を受けることとなり、現在5つの市・府を相手に、関係断絶の決議取り消しの民事提訴に関わっています。

富山市の原告、安田さんと話をし、私自身、このまま憲法が標榜している民主主義とか人権擁護という基本がこんなにも白昼堂々と汚されていくのは見るのに忍びないと思いました。これを明確な「憲法違反」と認識している私が、何もしないわけにはいかないという思いがありました。

また、この騒動の中で、安倍元首相の評価が家庭連合と関連づけられ、異常に貶められていると私には見えました。だから、安倍元首相の評価をきちっとするためにも、家庭連合との関係も整理する必要があると思っていました。少なくとも今のような形の家庭連合バッシングについてストップをかけなくてはいけないと思います。これは、僕なりの信念があり、その信念のために裁判させていただくということです。この裁判で、安倍元首相の名誉回復を果たしたいとも思います。その意味では、この裁判は僕自身の裁判でもあるのです。

この裁判の原告弁護士を受けてほしいというお話が来たとき、内心「自分としても、この裁判をやらせてください」という気持ちでお受けしたのです。

家庭連合は反社会的団体ではない

鴨野　徳永先生が弁護士になって、今回のように明確な根拠なしで「この団体が反社会的だから議会は一切、付き合わない」という決議をした事例はありますか。
徳永　あるわけないでしょう。憲法を学ぶ中で、歴史的な立憲政治の在り方というものを勉強してきたつもりですが、地方自治体においての「関係断絶決議」は、民主主義の観点からも、人権擁護の観点からも全く外れています。外道であり、邪道です。それが、国民の目の前で白昼堂々と行われていることに驚きを禁じえません。
もしテレビの主張を擁護するとしたら、正真正銘、旧統一教会が反社会的団体であった場合です。暴力団と同じ程度に反社会性が明らかだった場合です。
今は暴力団に対して、銀行預金も作らせない、あらゆる取引を拒否させる、社会からのいわゆる「村八分」ですが、そういうやり方の当否は別として、それはそれで社会のコンセンサスを一応得ています。実際、暴力団は人殺しや覚せい剤売買、様々な違法・詐欺的行為に加担しているのは事実です。だから、社会から村八分にされるのはある面、仕方がないといえるところもあります。

旧統一教会は違います。テレビでさんざん報じているのは、多宝塔や壺を高額で買いましたということ。例えば、お金を持っている人たちが一億、二億円だして、それに使いましたとか、文教祖の御言集を、自分が三千万円の献金をした証としていただいたと。それは表彰状みたいなものでしょう。

それのどこが問題なのか私には分かりません。結局、これを問題としている人たちは、そこでの献金という行為自体が理解できないからでしょう。

宗教的行為としての献金は健全なものです。ディケンズの『クリスマス・キャロル』にもあるように、キリスト教社会では、裕福な人々が全財産を寄付したり献金することは善行と捉えられています。それを考えれば、旧統一教会の献金行為も全く問題はないのです。

それをあたかも違法な商法をやっているかのように批判するのはいかがなものかと思います。ところが、全国弁連は、購入した人はマインド・コントロールされていて、冷静で正常な判断ができない状態にあったかのように見下しています。旧統一教会関係者を理性と尊厳を備えた人間とは見ていません。そうした主張に、報道も乗っかって問題だと報じている様子は、これはもう見るに堪えないものです。

さらに「二世問題」はもっと酷いと感じます。親が子供に対して、自分が最も正しいと思っている信仰を教えるのは当然のことです。ヨーロッパのキリスト教社会の中で、ユダヤ教の両親が子供をどうやって育てているのか。今の日本の報道は、そこにおいて、ユダヤ教の信仰をさせてはいけないみたいな話になっているでしょう。それが「二世問題」として語られているように思います。

ユダヤ教の信仰は、キリスト教社会の学校ではいじめの対象となる。それでもやっぱり少数者の信仰は尊重されるべきです。その辺りのところが、全く無視されています。さらに、小川さゆり（仮名）さんみたいな人の発言に、マスコミも国会議員もみんな右に行ったり左に行ったりして振り回されているわけでしょう。もうそろそろ冷静にならないといけないと思っていたところに、民主主義や人権擁護の原点を見直すような裁判に、自分自身が関われたということについては弁護士として誇りに思っています。

鴨野　宗教団体に限らず、様々な業界の団体、婦人組織などが、自分たちがよりよいと信じる社会実現のために、ある特定の政治家を応援する、ということは民主主義の根本です。それは地方議員も、公務員も、大学教授など有識者の人たちも知っているはずです。マスコミの人も承知していることでしょう。しかし、誰も声を上げてくれる人がいませんでした。

徳永　実際の信者のありのままの姿を知ってもらうことしかないと思います。現状は、「ルフィ」に操られていた反社会的な強盗連中と同じ様な扱いです。だから、信者一人一人が人格的決断によって信仰の道を選んで生きているという基本的な事実を社会に突きつける必要があると思います。

欧米のキリスト教、ユダヤ教、イスラム教などの一神教と、それとは全く違う多神教の世界がこの極東にあり、それが隣の共産主義の中国にも存在します。

独自の文化多元主義的な沢山の神々を持つ日本の中における一神教の立ち位置というものをどう認識するかによって、旧統一教会問題というのは大いに変わってくるテーマではないかと思います。

宗教的価値観を敵視する全国弁連

鴨野　そもそも、宗教というものは世俗の価値観とあらがう、或いは、対立するような側面を持っています。そうした葛藤を超えて初めて、新興宗教が伝統宗教の仲間入りをするものと理解しています。
徳永　文化多元主義という考え方があります。文化多元主義というのは、例えばＬＧＢＴとか、あるいは他民族との共生などの意味合いで使われたりもしますが、そうした異なる価値観が対立するような物事について、どう寛容な精神を持って、共存を図るかということが主題です。自分たちの常識と、全く異なる常識を持った人たちがそばにいて、どうやって共存していくかという課題です。
そのことについて、例えば韓国、北朝鮮、中国といった人々の価値観との共存を強調する人たちは、「文化的共存が必要だ。例えば韓国人は日本から出て行けとか、そういう発言は差別だ」と言いながら、宗教的に異なる価値を持っている人たちについては何ら、寛容な態度を示すことなく、排除の論理が働いています。本当に彼らが言う文化多元主義だとか、異なる価値観を持った人間が共存すべきと言うのであれば、宗教問題に対しても、もっときちんとした視点を持って然るべきでしょう。

なのに、この旧統一教会問題を扱っている全国弁連は、まるで宗教そのものを敵みたいに扱っているでしょう。一般常識と異なる価値観や世界観を持っていたら、それについて全部「カルトだ」みたいな批判をして社会から排除しようとしています。

彼らがカルトとする宗教団体のどこが反社会的なのかを聞いていくと、結局「価値観が違う」というところに行きつくのです。反対する人たちは全く文化多元主義とか、異なる価値観を許容するとかいう姿勢をもっていません。

僕は基本的に保守の立場ですが、それはこの文化多元主義からきていて、絶対的価値観というものが、この俗世の中ではなくなってしまったというニーチェ的な「神は死んだ」というニヒリズムが出発点にあって、その上での文化多元主義なわけです。けれども、その異なる価値観の尊重というのは、もしかしたらそれが正しいかもしれないのです。その合理的な議論に基づいてその懐疑主義的中立の姿勢を維持すべきことであり、同時に、本当に正しいものは何かということを追求するその姿勢というのも大事だという立場なのです。

自分が信じている価値観を守るためにはそれに対する攻撃には屈してはならないし、論証の準備を怠ってはいけないし、戦うという姿勢も必要です。だから、異なる価値観を持つ者同士が共存するには、それぞれが戦う。しかもそれは言論の次元の戦い、あるいは政治的レベルにおける戦いというもの、その戦いの筋道を残したうえで展開すべきではないのかと思います。これが、少なくとも21世紀における民主主義の基盤ではないでしょうか。

それぞれ異なる価値観を持った者が、論争しながら、あるいは協力しながら社会を形成していく。それが21世紀の民主主義の姿だと信じます。現状のような、自分たちの価値観と違う者たちを排除する、自分たちの価値観と一緒にできる者同士が集まるというのは、受け入れがたいですね。

同時に、僕はスタンダードを持つべきじゃないとは思わない。社会にスタンダードはあってしかるべきで、スタンダードから外れたものに対して差別するのではなく、スタンダードから外れた人たちに対してもそれなりに適応を求め、同時にこちらの方もスタンダードを修正していって共存を図るのが良いと考えています。

その共存を図るために今のＬＧＢＴ運動みたいにそのスタンダードそのものを組み換え

ようというのはやりすぎだとみています。

左翼勢力と明確にぶつかるべきだ

鴨野　仰る通り、価値観の多様化の時代だと言いながら、私たちのグループが反共であって同性婚反対とか、ＬＧＢＴの法案に関してても慎重な姿勢は、どうしても左翼勢力とぶつかるところです。

徳永　ぶつかるべきですね。逆にどこがぶつかるのかをはっきりさせ、同じように「自分たちもそう思っていた」という人たちが声を挙げられるような状況を作らないといけないのではないでしょうか。今の日本の、右見て左見てその上で、自分の立ち位置を決めるみたいなやり方はちょっと極端すぎます。
鴨野　徳永弁護士は、「月刊正論」３月号で、家庭連合が「反日」だと非難されているが、日本には同教団の何倍、何十倍も反日的な宗教家が多い。家庭連合を滅ぼすために活動している全国弁連と共闘関係にあり、家庭連合信者の「拉致監禁による強制棄教」に関わってきた日本基督教団や福音系プロテスタント教会の一部の牧師たちであるとの指摘も痛快でした。
徳永　もっとあそこはきちんと言うべき点でした。『月刊正論』では、ちょっと寸止めにしたのですが、あそこはもっと言いきってもいいと思っています。
鴨野　しばらく前の世論調査では、政府が裁判所に家庭連合の解散命令を請求すべきだ、という考えの人が7割という結果が出ました。しかし、安倍元首相銃撃事件が起きていなければ、こうした世論が起こることはなかったでしょう。教団に対する質問権行使、解散の議論についてどのようなご意見かを教えてください。
徳永　元々反社会的な団体だという思い込みが、家庭連合に対してあるからでしょう。では、その根拠は何かと言ったら、「霊感商法をやるのは、詐欺団体に決まっている」「二世問題では実際に子供たちを不幸な目に遭わせている、そんな団体は日本にはいらない」という思い込みでしょう。つまり宗教として認めていないということです。その信仰を持って実際に生活して生きている人がいるという事実をそもそも見ていないのです。生活者としての信者が可視化されていないからです。要は人間扱いされていないのです。
世界中に家庭連合の信者がいることは、頭では知っているかもしれないけれども、日本の家庭連合はそれとは別で、日本人は韓国の人々に酷いことをしてきたという自虐的な意識を植え付けて、贖罪として金をどんどん差し出させるということをやっていると、大ぐくりにそういう捉え方をして、批判しているのでしょう。

だから、自分たちの隣人、あるいはこの社会の一員として家庭連合の信者が生活しているのだという事実を発信すべきです。そうすれば、彼らも一人の人間として、理性と常識を持って共に暮らしているんだという事実を受け止めて、理解していくようになるのです。

では、家庭連合の人たちと一緒に生きるということはどういうことなのかと。家庭連合に限らず、自分たちの世俗的な観念と違った信仰や価値観を持っている人たちと共存するということはどういうことなのかと。これを、皆に具体的に想像してもらう必要があるのです。信者の方々は大変だと思うけれども、そのための試練というものを受けながら、ともすれば、異なる価値観に対して閉鎖的になり、排他的というより、むしろ臆病なところのある日本人に対して反省を促し、もっと自信と強さを備えさせるという尊い使命があるのではないかと思います。

あとがき

偉大なる日本の政治リーダー、安倍晋三元首相の銃撃事件からまもなく1年が経とうとしている。

事件の直後、「殺人はいけないが、犯人が家庭連合に抱いた恨みには同情する」という言論が流布され、やがて宗教法人・世界平和統一家庭連合による「被害」を殊更に誇張する常軌を逸した誹謗中傷が、教団を長年、敵視してきた全国弁連の弁護士、日本共産党、左翼勢力から機関銃のようにして放たれ、家庭連合こそ事件の元凶であるという構図が作られてしまった。

これまで家庭連合の友好団体等と付き合いのあった自民党や地方自治体がこれに驚き、相次いで「関係断絶」を発表。現状は、テロリストと反対派が思い描くとおりの事態になっている。

「モラル・パニック（moral panic）」という言葉を皆様は御存知だろうか。

「ある時点の社会秩序への脅威とみなされた特定のグループの人々に対して発せられる、多数の人々により表出される激しい感情」と定義される（ウィキペディア）。より広い定義では、以前から存在する「出来事、状態、人物や集団」が、最近になってから「社会の価値観や利益に対する脅威として定義されなおされる」ことだという。まさに家庭連合とその関係団体がその渦中にある。マスコミは、「モラル・パニック」創出に大いに動いたが、先頭に立ったのが、日本テレビ系列の「情報ライブ　ミヤネ屋」だった。

著述家、加藤文宏氏は『月刊正論』2023年2月号で、マーケティング調査会社に勤務する男性の言葉として、「ミヤネ屋には、司会者は正義、コメンテーターの言うことは真実で、視聴者は司会者の側に立つというワイドショーのルールがあっただけだ」とのコメントを紹介し、「コメンテーターが裁判官となり、旧統一教会と自民党に裁定を下して怒りを煽ったのも、彼らが『番組内ルール』に基づく役割分担通りの仕事をしただけだった」と断じている。

おびただしい「魔女狩り」報道のせいで、多くの信者が傷つき、教団と社会の間に深い溝が生まれてしまったのである。しかし、そのような中にあっても、高井康行《やすゆき》弁護士、中山達樹弁護士、経済評論家の渡邊哲也氏、杉原誠四郎元大学教授、ジャーナリスト福田ますみ氏、増渕賢一《としかず》元栃木県議会議員、中国史の三津間弘彦氏、そして本著の徳永信一弁護士、取手市議会議員の細谷典男《のりお》氏などが勇気ある言論を展開された。その姿に接し、言い知れぬ感動を覚えた次第である。一方、虚偽と誇張の入り混じった報道が洪水のようにあふれる状況を前にして、己の無力さを痛感することもしばしばだったが、そのようなときは極東国際軍事裁判（東京裁判）のパール判事の次の言葉を自らに言い聞かせてきた。

「時が熱狂と偏見をやわらげたあかつきには、また、理性が虚偽からその仮面を剥ぎとったあかつきには、そのときこそ、正義の女神は、その秤を平衡に保ちながら、過去の賞罰の多くに、そのところを変えることを要求するだろう」

私たちの団体は、いわゆる「カルト」でもなければ、反日団体でも決してない。愛する祖国・日本に必要な存在と堅く信じている。いかなる事態に直面しようと、私たちは倒れることはない。負ける訳にはいかない。私は今、安倍元首相が亡くなられたと同じ67歳。多くの先人が、命を懸けて愛し守ってきたこの日本の幸福と発展のために、私もまた愛する家族、友人、仲間とともに力を合わせていきたい。

なお、本著に収められた記事のうち雑誌等で初出したものは、以下の通りで、これに加筆修正を加えている。それ以外は、初出記事である。

徳永信一『月刊正論』２０２３年3月号「旧統一教会信者なら人権侵害していいのか」「異なる価値観といかに共存していくか」

鴨野　守
（２０２３年４月、家庭連合発行『私たちの声を聞いてください』）
『月刊Ｈａｎａｄａ』２０２２年11月号「統一教会信者が告発！
『魔女狩り報道』はこう作られる」
平和大使協議会機関誌『世界思想』２０２２年11月号
「漫画家・小林よしのり氏にレッドカード！」
同12月号「『思想警察』と化したメディア」
２０２３年２月号「富山市の家庭連合信者が市を提訴」
同４月号「明確な根拠示さず『関係断絶』の決議」
美馬秀夫・小野潤三対談（司会・鴨野守）『月刊Ｈａｎａｄａ』２０２３年１月号
「旧統一教会信徒議員の告白！メディアリンチと民主主義の危機」

本著発行のために協力してくださった編著者はじめ関係者に心からの感謝を送ります。
鴨野　守
令和５年　薔薇の花の美しい季節に

家庭連合信者に人権はないのか

2023年 8月10日　第2刷発行
編集者 —— 徳永信一・鴨野守・近藤徳茂
発行者 —— 武津文雄
発行所 —— グッドタイム出版
〒104-0061　東京都中央区銀座7-13-6 サガミビル2F
編集室
〒297-0002 千葉県茂原市千町3522-16
Tel：0475-44-5414　Fax：0475-44-5415
e-mail fuka777@me.com

落丁・乱丁本は弊社でお取替えいたします。
本書の無断複写は著作権法上での例外を除き禁じられています。

Printed in Japan 2023　　ISBN 9784-908993-33-6